竹内久美子

# 皇室論

なぜ天皇は男系でなければならないのか

方丈社

# 皇室論

## なぜ天皇は男系でなければならないのか

目次

第1章

# 女性天皇と女系天皇を考える

## 第2章 万世一系について考える――Y染色体とX染色体

## 第3章 皇統の危機、その解決について考える

# 第4章 秋篠宮家バッシングについて考える

## 第5章 「愛子天皇待望論」の本気度を考える

第6章

# 悠仁さまは日本を救うためにお生まれになった

# はじめに

今、日本が滅びようとしています。いや正確には、日本を滅ぼすための工作の数々が進行中です。

2023年に慌ただしく、強引にも成立させられたLGBT理解増進法、移民政策、選択的夫婦別姓制度……。

いずれももっともらしい理由をつけながら、日本という国に対立をつくり、社会をバラバラにし、混乱のうちに滅亡させようとする意図があります。

工作を施しているのは反日外国左翼勢力です。

実は同じ勢力による工作は、皇室にも及んでいます。日本人の中には皇室を畏れ多いと思い、皇室だけは神聖な場所。そんなところに工作が及ぶわけがないと考える人がいます。それは真の日本人だから抱く感覚であり、反日外国左翼勢力には通用しません。

実際、この数年というもの、マスコミ、ネットなどが総力を挙げ、秋篠宮《あきしののみや》家貶めのプロパガンダに狂奔しているではありませんか。

秋篠宮家は公務も祭祀もサボっている。秋篠宮家は贅沢三昧である。公私混同である。皇室利用をしている。紀子《きこ》さまは道の駅で箱入りのブドウをお金も払わず強奪し、悠仁さまもその真似をした。佳子《かこ》さまはご両親と仲が悪く、別居している。悠仁さまは筑波大学附属高校にズルして入り、成績がひどく悪く、先生にも反抗的態度をとっている。悠仁《ひさひと》さまには障害があり、病弱で将来の天皇としてふさわしくない……。

挙げればきりがありませんが、はっきり言って秋篠宮家について囁かれる悪い評判はすべて捏造《ねつぞう》です。具体的には本文で述べますが、少なくとも皇室を10年以上見てきている人ならすぐに捏造とわかります。

また古くからの皇室ウォッチャーで秋篠宮家を悪く言う人を私は1人も知りません。なぜなら秋篠宮家ほど国民を思い、祭祀《さいし》、公務、ボランティア活動にお働きで、一方では質素倹約にいそしみ、どの方もご自分のライフワークを持つなど、皇族としてこれ以上のことはできないというほどに日々お勤めだからです。

ではなぜ、その秋篠宮家がマスコミ、ネットなどで悪く言われるのかというと、唯一秋篠宮家に次世代の皇位継承者、つまり秋篠宮皇嗣《こうし》殿下と悠仁親王殿下がおられるから。それ以外の理由はありません。

皇位継承は既に決まっていることです。それでも激烈な秋篠宮家バッシングが行われるのは、「あの家は皇位継承にふさわしくない」という世論を広め、世論の力で覆そうとしているからです。

そしてひとしきり秋篠宮家を叩いたうえで決まって続けられる言葉は「だから愛子さまに天皇になっていただこう」です。

これは一見、皇室を思いやっているようですし、今は皇室典範の定めるところにより、男系男子しか皇位に就くことはできないが、昔は女性天皇がいた、この男女平等の時代に男しか天皇になれないなんておかしい、女性天皇いいんじゃない、という意見の人々を惹き付けます。

しかしこのような意見の誘導は皇室を滅ぼすためにほかなりません。本文で詳しく説明しますが、現代の女性天皇にかつての女性天皇のように生涯独身を強いることはできません。結婚していただき、お子さんも生まれるでしょう。

そのお子さんは天皇の産んだお子さんということで、次の天皇になっていただこうという声が自然と高まるでしょう。

しかしその天皇とは、女系天皇。女性天皇のお相手の男性の家の方であり、ここで皇室の歴史は終わり、新しい王朝が始まります。佐藤王朝、鈴木王朝です。

さらには反日外国左翼勢力は女性天皇のお相手として、素性を隠した中国人や韓国人の男性を引き合わせるかもしれません。すると、そのお相手との間に生まれ、天皇となった方は中国の方、韓国の方。日本は中国、韓国のものとなるのです。

皇統を滅ぼし、日本国をも滅ぼす。これが秋篠宮家バッシングを行っている者たちの狙いなのです。

そんなこと、にわかには信じられないという方は、2008年、ネパール王室が中共による（ネパール共産党による）工作で王室廃止にまで至った歴史を知ってください。

日本をネパールの二の舞にしてはいけません。私たちは今、反日外国左翼勢力のプロパガンダに騙されることなく、秋篠宮家の本当の姿を知り、応援しなければならないのです。

本書は悠仁親王殿下の筑波大学ご進学と9月に予定されている加冠の儀をお祝いするとともに、皇統の歴史、男系男子で皇位をつなぐこと、かつてその危機をどう回避したか、GHQによって皇籍離脱を余儀なくされた旧宮家が存在し、若い男系男子が何人もおられること、旧宮家の皇籍復帰で皇位継承者、皇族数のいずれの問題も解決する、など皆が知るべきこと。さらには皇統破壊を目論む反日外国左翼勢力が操る詭弁に対し、どう反論すべきか、私がX（旧ツイッター）などで培った議論や方法も含めお伝えするものです。

日本人一人一人が正しい知識を持ち、反論する力を持ちましょう。

本書の刊行にあたり、株式会社方丈社の宮下研一社長、山田雅庸氏をはじめとし、日本と日本人、そして皇室を愛する様々な立場の方々のお力添えをいただきました。ここに感謝申し上げます。

令和7年2月

竹内久美子

# 第1章

# 女性天皇と女系天皇を考える

## 知っていますか？　女性天皇と女系天皇の違い

現在、皇位継承権を持っておられるのは、皇嗣である秋篠宮文仁親王《あきしののみやふみひとしんのう》とそのご長男である悠仁親王《ひさひと》、常陸宮正仁親王《ひたちのみやまさひと》のお三方のみです。

皇族方の高齢化と男性皇族が少ないことから、「皇統の危機」「皇室の危機」が問題視されています。

この危機を解消する一つの方策として、皇統に属する男系男子のみで受け継がれてきた皇位の継承を、女性にも広げてはどうかという意見を聞くようになりました。いわゆる女性天皇の容認、そして現代の女性天皇から出現し得る女系天皇の容認です。

私は、皇位は皇統に属する男系男子によってのみ受け継がれるべきと考えています（かつて存在した中継ぎの女性天皇は例外とする）。なぜなら、そのような万世一系の歴史があるからこそ天皇は日本国民統合の象徴として存在し、世界からも尊敬の念をもって皇室が受け入れられているからです。

したがって私は、現代の女性天皇と女系天皇の容認には反対ですし、仮にそれらを容認してしまえば、それこそ本末顛倒で、安定的な皇位継承どころか、確実に「皇統の危機」「皇室の危機」を招くことになってしまうと考えています。

なぜ私が現代の女性天皇と女系天皇の容認に反対するのか、その根拠は後で詳しく述べるとして、まず女性天皇と女系天皇の違いについてお話ししたいと思います。

というのは、たとえば国会議員のように社会的地位があり、その発言が影響を与える立場にある人でも、女性天皇と女系天皇の違いをはっきりと理解していない、あるいは女性天皇と女系天皇を混同したまま発言している場面を何度となく見聞きしてきたからです。

女性天皇と女系天皇……、確かに字面は似ています。しかし、この両者はまったく違った意味を持っています。

本書を手にしてくださった読者の中にも、改めて「女性天皇と女系天皇の違いは？」と聞かれると「よくわからない」という方がいるかもしれません。まずは女性天皇と女系天皇の違いからお話ししていきたいと思います。

## 女性天皇は結婚も出産も許されなかった

まず女性天皇とは、簡単に言うと、父が天皇であるとか、祖父が天皇であるとか、ともかく皇統の男系男子を父方にもつ女性皇族（男系女子）が天皇となった場合をいいます。

一方、女系天皇とは、母方にのみ天皇の血筋をもつ天皇であり、女性皇族（男系女子）が一般人と結婚し、その間に生まれた子が、性別に関係なく天皇になった場合をいいます。

歴史上、女性天皇は10代存在しました。そのうちの2人は2回即位（重祚《ちょうそ》）したため、人数としては8名の女性天皇がおられました。

これらの女性天皇が誕生したケースはみな、皇位を継ぐべき男系男子が幼い場合、あるいは皇位継承者が決まらない場合であり、中継ぎでしかありませんでした。

しかも女性天皇になるには条件がありました。未亡人である、あるいは生涯独身を通すという条件です。当然、即位後は結婚も出産もできないし、天皇の座を退いた後も同様です。

なぜこのようなルールがあるのかというと、女性天皇が立ったことで皇位継承に影響が出ないようにするためです。

歴史上10代存在した女性天皇に対して、女系天皇は過去に一例もないことを付け加えておきます。

## 皇室典範を改正しても愛子さまは天皇になれない

秋篠宮家には秋篠宮皇嗣殿下と悠仁親王殿下という皇位継承者がおられ、秋篠宮殿下は2020年11月8日の立皇嗣《りっこうし》の礼によって次期皇位継承者であることが広く内外に宣明されました。

このとき、黄丹袍《おうにのほう》というクチナシとベニバナで染色したオレンジに近い色の装束を召されており、それは皇太子か皇嗣のみが着用を許される色です。

また、今上陛下も同日「立皇嗣宣明の儀」において、「本日ここに、立皇嗣宣明の儀を行い、皇室典範の定めるところにより文仁親王が皇嗣であることを、広く内外に宣明します」と述べられました。

宣明するということは、後から撤回するとか、あれは間違いでしたと改められるようなものではないはずです。

それにもかかわらず「愛子天皇論」を持ち出す勢力があります。彼らの主たる言い分は「天皇を継承する人は天皇のおそばで育った人がよい」「女性でも天皇になれるようにすれば、皇位継承の危機は軽くなる」などです。

言論の自由が憲法で保障されているので、誰が何を言おうと自由です。しかし「愛子天皇」を持ち出すのは、はっきり言って、既に決まっている皇位継承者から皇位を簒奪《さんだつ》しようとする、謀叛《むほん》やクーデターの勧めのようなものです。


もし女性を皇位に就けるようにしたいのなら、皇室典範の改正が必要です。しかし、皇室典範を改正して、皇族の女子が皇位を継げるようになったとしても、愛子さまが天皇になれる可能性はありません。

ヨーロッパの王室を見ると、1990年代以降に「性別に関わりなく第一子が王位を継ぐ」と改正しても、改正後の法律が適用されるのは、改正後に生まれた子ども、あるいはまだ物心がついていない子どもです。つまり、法は過去に遡って適用されないのです。愛子さまは、もうすっかり大人でいらっしゃる。「愛子天皇論」を持ち出している人たちは、皇室典範をヨーロッパの王室のように改正して、第一子が王位を継げるようにしたとしても、すでに大人になっている人は改正後の法律の適用外であることを知るべきです。

それを知らずに「愛子さまを天皇に」と言っているのであれば、それは勉強不足というものです。

## 女性天皇の即位は新しい王朝の始まりを意味する

前項でお話ししたように、いま第一子が皇位を継承できるように皇室典範を改正しても、もはや成人していらっしゃる愛子さまは天皇になれないわけですが、ここではイメージしやすいように愛子さまを例にして、女性天皇と女系天皇について考えてみます。

歴史上の女性天皇は生涯独身で、結婚も出産も許されませんでした。もし21世紀のこの時代に、女性である愛子さまが皇位を継承されたとき、生涯独身でいてくださいと言えるでしょうか。

仮に誰かがそう言ったとしたら、必ず「そんなのお可哀そう」「今の時代に生涯独身を強いるのは人権侵害だ」などという世論が高まり、「ご結婚へ」という流れになるでしょう。

ご結婚となれば、自然のなりゆきとしてお子さまが生まれます。すると今度は、「天皇の子を天皇にするのは当然の成り行きではないか」ということになり、愛子さまの第一子が性別に関係なく皇位に就くことになる。そうすると、ついに歴史上一度も存在しなかった女系天皇が誕生することになります。

この女系天皇の誕生こそが大問題なのです。

では、女系天皇の何が問題なのか。たとえば、愛子さまのお相手を佐藤さんとしましょう。当然のことながら、その方は佐藤家に属する人であって、皇室の方ではない。その佐藤さんとの間にお子さまが生まれれば、当然そのお子さまは佐藤家の子。その子が成長して皇位に就けば佐藤王朝が始まる、となります。

その時点で皇統の歴史は終焉し、新しい歴史が「1」から始まることになります。

現在の皇室は、実在が確認されている天皇から数えても１５００年以上の歴史がありま す。日本に次いで長い王室の歴史を持つのはデンマークですが、それでも１０６０年。あのイギリス王室とて９５９年で１０００年に満たない。トンガやブータンにも王室がありますが、トンガ王国は１８０年、ブータン王国はまだ１１７年です。だから、そうした国々の王室は、ダントツで長い歴史をもち、しかも男系男子でつないできた歴史をもつ日本の皇室に敬意を払うのです。

イギリス王室などでは女王が立った後、その息子が次の王位に就くと、王朝名が変わります。女王の夫君の家にちなんだ名であり、そのようなことを何度も経てきているので、いわばつぎはぎの歴史。我が国のように一貫して男系男子でつないできているわけではありません。

海外の国々が日本の皇室を尊敬するという、作ろうとして作れない無形の財産を、安易な女系天皇容認で失ってはいけません。

## 女系天皇容認で、日本は反日外国勢力に乗っ取られる

それだけではありません。女系天皇が容認されれば、皇統が中国や韓国などの反日外国勢力に乗っ取られる事態さえ招きかねません。

つまり、日本に一撃を与えたい反日外国勢力が、愛子さまのお相手として、日本人に似た自国の男を選んで、その正体を隠して送り込んでくる可能性さえ十分に考えられます。

多くの、特に保守の方々には、皇室にそんな工作が及ぶわけはない、皇室は聖域だからと結構本気で思っている節がありますが、それは日本人しか持たない感覚です。

何しろ反日外国勢力は、自国の力を誇示するためなら手段を選びません。平気な顔で日本の空域や海域、日本の島を侵犯しているのが何よりの証拠です。

また日本の土地を買い、住みつき、外国人参政権まで手に入れ、日本という国自体を乗っ取ろうとしています。

空想の世界ではなく、厚顔な反日外国勢力なら日本を乗っ取る足掛かりとして、自国の男を皇室に送り込んで、まず皇室を自国のものにしようと企むことぐらいしかねないので

す。

## 女性皇族の「婚姻後の皇族身分保持」は女性宮家創設の足掛かり

女性天皇と女系天皇、それぞれを容認することのリスクと、容認後に起きるだろう負のシナリオは、前項で述べたとおりです。

ここでは「女性宮家」が容認されたときに何が起きるかを考えてみたいと思います。

「女性宮家」とはそもそも2011年に当時の羽毛田信吾《はけたしんご》宮内庁長官が、やはり当時の野田佳彦首相に面会し、皇族数の減少が緊急性の高い問題であるとして提言したことから議論が始まりました。

皇族女性が結婚して降嫁するのではなく、宮家を創設して当主となり、結婚は一般人の男性というわけです。

野田氏は「女性宮家」を議論の俎上《そじょう》に載せた最初の人物としての誇りからなのか、今でもこの言葉を好んで使いますが、実はあの小室圭氏が現れることによって、女性宮家ができるとお相手として皇室にふさわしいとは言い難い人物が入り込むことになる危険性を皆が認識したこともあり、いったん議論の対象から消えました。

ところが、女性宮家という言葉は消えたものの、２０２１年の有識者会議において、実質同じことを意味する案が出されました。それが「皇族女性が婚姻後も皇族の身分を保持する」という案です。

しかし女性宮家も「婚姻後も皇族の身分を保持する」も、どちらも現代の女性天皇、女系天皇の場合とまったく同じ危険性を孕《はら》んでいるのです。

なぜなら女性宮家の場合、当主となった皇族女性が一般人と結婚し、その間に生まれたお子さまが天皇になると、その天皇は女系天皇になってしまう。婚姻後も皇族の身分を保持された皇族女性が一般人と結婚しても同じで、その間に生まれたお子さまを天皇にしようという話が出てくれば、その天皇は女系天皇となってしまうからです。

有識者会議では「皇族女性が婚姻後も皇族の身分を保持する」に言い換えられたわけですが、危険性は同じであるうえ、これこそが将来的には「女性宮家」を創設するための足掛りであるように感じられます。

## 愛子さまが旧宮家の男性と結婚しても差し迫った問題は解決しない

愛子さまや佳子さまに、旧宮家の男性と結婚していただいてはどうかという人たちが結構いて、私のX（旧ツイッター）のリプライ欄で幾度となく質問されています。

愛子さまや佳子さまに旧宮家の男系男子と結婚していただけば、皇族数も増えるし皇位継承者も確保でき、問題解決ではないかという意見です。

たしかに旧宮家は天皇の親王を始祖とする天皇家の分家やそのまた分家であり、そこにおられる男子は、血統からすれば皇統の男系男子です。

宮家の男系男子は天皇の候補であり、実際に宮家から天皇になった例は、伏見宮《ふしみのみや》家から第１０２代後花園《ごはなぞの》天皇、有栖川宮《ありすがわのみや》家から第１１１代後西《ごさい》天皇、閑院宮《かんいんのみや》家から第１１９代光格《こうかく》天皇（今上陛下は光格天皇の直系の子孫）の３例があります。

また、天皇の皇女が宮家へ嫁した例も数多くあります。明治天皇の皇女４方は、それぞれ竹田宮《たけだのみや》、北白川宮《きたしらかわのみや》、朝香宮《あさかのみや》、東久邇宮《ひがしくにのみや》に嫁いでおられます（正確に言うと、嫁いでいただくために新たに宮家を創設したのです）。

しかし、戦前に11家あった宮家は、1947年にGHQ（連合国軍最高司令部）によって最大で9割の税を課せられるなど、皇籍を離脱せざるを得ない状況に追い込まれ、旧皇族の方々は現在は一般人です。

よって、愛子さまや佳子さまが仮に現在の状態の旧宮家の男性と結婚なさったとしても、それは一般人との結婚となってしまいます。

将来、旧宮家の皇籍復帰が実現したとしても、法は過去に遡って適用することはできないので、差し迫った問題である皇族数の増加や皇位継承者の確保には効き目はありません。

## 飛躍した議論への私の答え

歴史上、日本には女性天皇が10代8人（うち2人は重祚）いたことは事実です。これを根拠に、「今の時代において女性天皇の容認を否定するのは、過去の女性天皇の否定になるのでは？」といささか飛躍した指摘をXでされたことがあります。

しかし、まず、いま議論されている現代の女性天皇は、女系天皇に直結するので否定しなければなりません。

だからと言って私は過去の女性天皇を否定しているわけではありません。なぜなら既に述べたように、現代の女性天皇と過去の女性天皇はまったく別物だからです。

飛躍した指摘に対しては、「現代の女性天皇が危険性を持つから否定しているのであって、危険性を持たなかった過去の女性天皇までも否定しているわけではない」としか答えようがありません。


もっとも、過去の女性天皇にまったく危険性がなかったわけではありません。奈良時代の女性天皇、第46代孝謙《こうけん》天皇は第47代淳仁《じゅんにん》天皇に皇位を譲った後、病気の治療にあたった道鏡《どうきょう》の献身的な姿勢に心を打たれ、重祚して第48代称徳《しょうとく》天皇となった後、道鏡を重用しました。

しかし道鏡の狙いは僧としての出世であり、最終的には皇位を奪うことでした。結局、女性天皇に生涯独身を強いたとしてもこういう危うい点があるのです。

江戸時代の第１０９代明正《めいしょう》天皇まで女性天皇が現れなかったことは、道鏡のような苦い経験があったからではないか、私はそう考えています。

## 女性天皇が2代続いても皇統は守られていた

こんな主張をする人もいます。

「奈良時代、女性天皇である元明《げんめい》天皇（第43代）は、娘である元正《げんしょう》天皇（第44代）への皇位継承により、皇統は女系に変わった」

これをもって皇統は万世一系の男系男子による継承が途切れたと言うのです。

しかし、この主張には大きな見落としがあります。つまり、「母から娘への継承」という一点しか見ていないのです。

何を見落としているのか説明します。関係が複雑なので、系図を付しておきます。

元明天皇、元正天皇の少し前の時代から説明を始めると、まず第42代文武《もんむ》天皇は草壁《くさかべの》皇子《みこ》（天武《てんむ》天皇の息子）と後に元明天皇となる母との間に生まれています。

689年、草壁皇子が27歳で薨去《こうきょ》したとき、後の文武天皇はまだ7歳。そこで第40代天武天皇の未亡人である后が690年に第41代持統《じとう》天皇として即位しました。持統天皇は天《てん》

## ■女性天皇たちの系図　皇極天皇から孝謙天皇まで

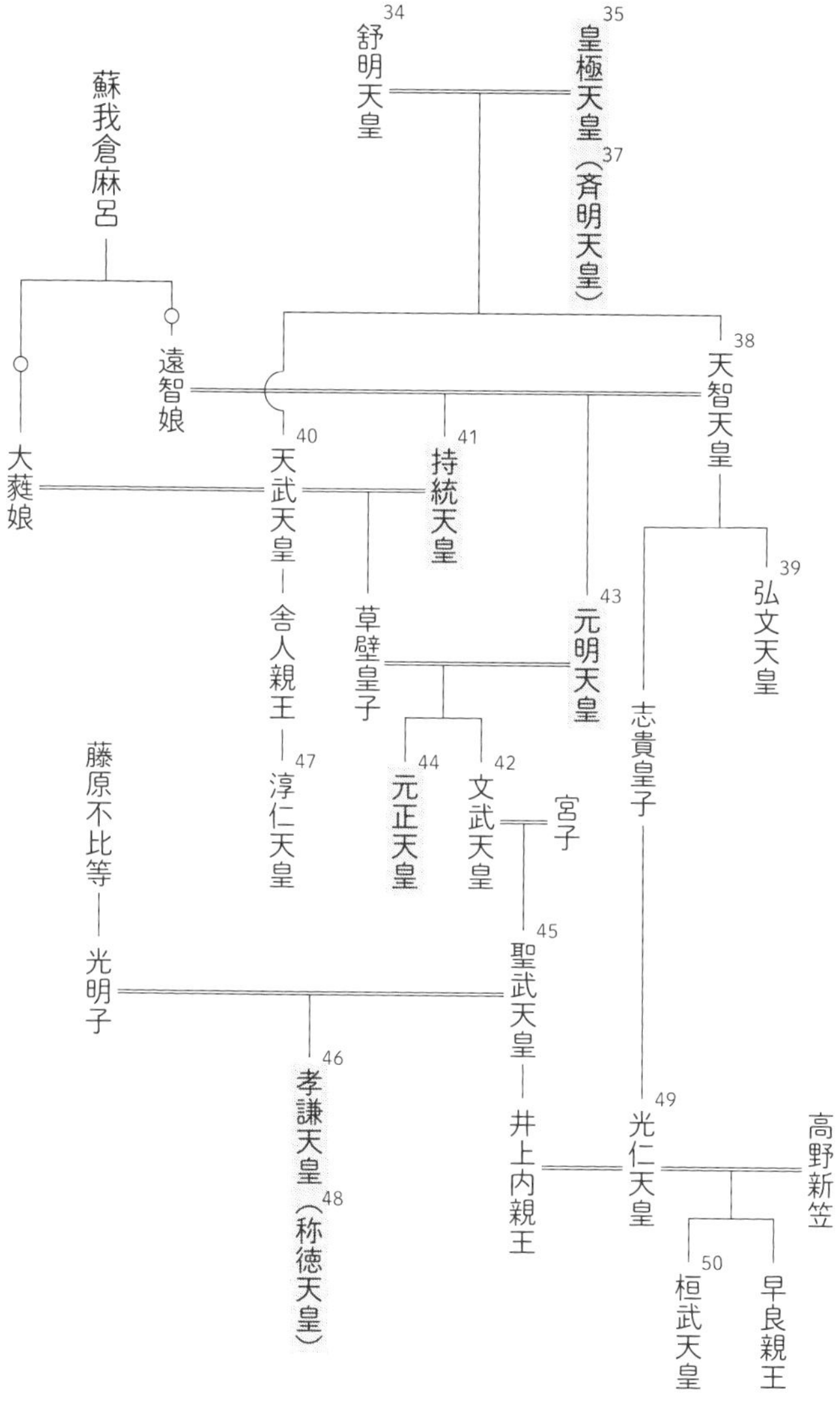

智《じ》天皇の娘なので、男系女子です。

６９７年、持統天皇は文武天皇に譲位しますが、７０７年、文武天皇は25歳の若さで崩御。文武天皇の息子（後の第45代聖《しょう》武《む》天皇）がまだ６歳と幼いため、文武天皇の母で草壁皇子の未亡人が第43代元明天皇として即位しました。元明天皇は天智天皇の娘なので男系女子です。

そして７１５年、元明天皇は自分の娘に皇位を譲ります。それが第44代元正天皇で、元正天皇は父が草壁皇子なので男系女子です。

このように母から娘へ皇位が継承されたとしても、どちらの天皇も男系女子で、第45代聖武天皇が７２４年に即位するまで２人の女性天皇が中継ぎをしたにすぎません。

ちなみに史上初の女性天皇である第33代推古《すいこ》天皇から元明天皇まではすべて未亡人、元正天皇から先の女性天皇はすべて生涯独身を貫きました。

その元正天皇は文武天皇の姉で、文武天皇の即位時の年齢は18歳。当時なら結婚していて当然の年齢です。10年後、文武天皇は25歳で亡くなりますが、その息子で後の聖武天皇はまだ7歳と幼い。よって元正天皇は将来を見越して独身を続けたのだと思います。

文武天皇の崩御を受け、まず文武の母が元明天皇として即位します。715年、元明天皇は元正天皇に譲位しますが、そのとき元正天皇は35歳。その年まで独身を通し、724年、聖武天皇に譲位しました。もちろん譲位後も独身を貫いています。

以上説明したように、元明天皇が娘である元正天皇へ皇位を継承しても、女系に変わった事実はありません。

奈良時代に皇統は女系に変わったと、鬼の首でも取ったかのように主張している人は、もっと歴史を勉強すべきです。今日まで皇統の万世一系が途切れたことは一度たりともないのです。

## 女性天皇はもうこりごり、孝謙天皇誕生秘話とその後の混乱

第45代聖武天皇は文武天皇の第1皇子。元明天皇、元正天皇と2代にわたる女性天皇の後に即位しました。

聖武天皇の母は藤原不比等《ふじわらのふひと》の娘の宮子《みやこ》。后は光明子《こうみょうし》ですが、光明子も同じく不比等の娘です。ただし光明子は宮子の異母妹で、皇族ではありませんでした。

光明子が非皇族ながらなぜ立后できたのかというと、その異母兄たちが藤原不比等の四人の息子たち、世に言う藤原四兄弟であったからにほかなりません。

藤原四兄弟とは、武智麻呂《むちまろ》、房前《ふささき》、宇合《うまかい》、麻呂《まろ》の4人で、それぞれ南家、北家、式家、宮家の開祖です。

彼らは長屋王《ながやおう》の変（729年）を仕組み、長屋王を自害に追い込み、有力者を排除しました。

長屋王は父が天武天皇の長男、高市皇子《たけちのみこ》、母が天智天皇の皇女、御名部皇女《みなべのひめみこ》（元明天皇の同母姉）という皇位継承者としてふさわしい血筋のため、藤原四兄弟にとっては目の上のたんこぶ。そこで国家転覆の謀反を企てているとのウソの密告をし、聖武天皇の許可のもと、兵が邸宅を取り囲み、自害に追い込んでいます。

正統な皇位継承者が、反対勢力によってまったくのウソをまき散らされ、評判を落とされる様子は、現在秋篠宮家が置かれている状況とそっくりです。

聖武天皇と光明子の間に生まれた第1皇子は立太子《りったいし》したものの、生後1年で亡くなりました。

聖武天皇には光明子以外の女性から第2皇子が生まれていますが、後ろ盾の弱い家系の女性であったため、聖武天皇は光明子との間の阿倍内親王《あべないしんのう》を立太子させました。これが史上唯一の女性皇太子であり、749年、聖武天皇は阿倍内親王に譲位し、第46代孝謙天皇が誕生しました。

孝謙天皇の父である聖武天皇は、756年、天武天皇の孫の道祖王《ふなどおう》を皇太子とする遺言を残し崩御します。翌757年、孝謙天皇はこれを廃し、代わりに舎人親王《とねりしんのう》の子、大炊王《おおいおう》（天武天皇の孫）を新たな皇太子にします。

これは、当時勢力を拡大してきた藤原仲麻呂《なかまろ》（藤原四兄弟の1人である武智麻呂の息子）の意向が大きく、その背後には光明子がいました。

758年、孝謙天皇は大炊王に譲位し、第47代淳仁天皇が誕生しました。ただしこのとき、孝謙天皇は上皇として、藤原仲麻呂改め恵美押勝《えみのおしかつ》（新帝から名を賜る）らとともに実権を手放すことはありませんでした。

７６０年、光明皇后が崩御。孝謙上皇も病に伏しますが、看病した弓削道鏡《ゆげのどうきょう》を寵愛し始めます。

こうして「孝謙上皇・道鏡・吉備真備《きびのまきび》らが要職に就く」VS「淳仁天皇・仲麻呂らが軍事的要職に就く」の対立の構図ができます。


こうした対立が先鋭化する中、７６４年９月11日、藤原仲麻呂（恵美押勝）は政権を奪うためにクーデターを起こします。これが藤原仲麻呂の乱です。

このとき孝謙上皇らは、天皇の軍事指揮権の象徴とされる「駅鈴《えきれい》（鈴印《れいいん》）」を淳仁天皇から回収していたので、藤原仲麻呂は朝敵になってしまい、乱を起こした２日後の９月13日、仲麻呂は殺害されます。

10月９日、仲麻呂の一派である淳仁天皇を廃し、流刑に。出家して上皇になっていた孝謙天皇は、出家したまま皇位に復帰、重祚して第48代称徳《しょうとく》天皇になります。出家したまま即位した天皇は歴史上、この称徳天皇のみです。

称徳天皇は皇太子を決めることなく、７７０年８月28日に崩御。崩御後、粛清が続く中、天武天皇嫡流の息子がいないため、天智天皇の息子である志貴皇子《しきのみこ》の息子（天智天皇の孫）が皇太子になり、即位して第49代光仁《こうにん》天皇になりました。

称徳天皇以降、江戸時代に第１０９代明正《めいしょう》天皇が皇位に就くまで、８５９年間、ついに女性天皇は現れませんでした。

これは、称徳天皇という女性天皇をいただくことで起きた混乱を経験した朝廷が、「女性天皇はもうこりごりだ」ということを痛いほど学んだ結果だと思います。

## 江戸時代、久々の女性天皇の気の毒な運命

称徳天皇以来８５９年ぶりに誕生した女性天皇の名は、過去の女性天皇の元明天皇と元正天皇から一字ずつとって「明正」となりました。

明正天皇は第１０８代後水尾《ごみずのお》天皇と2代将軍徳川秀忠の娘和子との間に生まれた最初の子。つまり、後水尾天皇は自分の娘に皇位を継がせたのです。即位したとき、明正天皇はわずか7歳でした。

明正天皇の父である後水尾天皇は、1611年に後陽成《ごようぜい》天皇から譲位されて即位しますが、この頃は徳川政権の黎明期。権力を手にした徳川家は朝廷を統制するために「禁中《きんちゅう》並《ならびに》公家《くげ》諸法度《しょはっと》」を制定します。これは天皇の行動などを厳しく規制するものでした。

そのため後水尾天皇は幕府から何かと口出しされて憤懣《ふんまん》を抱き始めますが、それが頂点に達したのが「紫衣《しえ》事件」です。

実は朝廷は位の高い僧に紫衣の着用を許す「勅許《ちょっきょ》」を与えており、これがよい収入になっていました。そこで1629年、3代将軍家光の時代、後水尾天皇が許可なく十数人の僧侶に紫衣の勅許を出したことを幕府は法律違反とみなし、勅許を無効にしたのです。

大徳寺の沢庵《たくあん》和尚《おしょう》らは朝廷側に立ちましたが、幕府は彼らを流罪にしました。

それを知った後水尾天皇は、おそらく報復の意味として、幕府への通告なしに徳川将軍家を外戚とする、娘、興子《おきこ》内親王《ないしんのう》に譲位し、明正天皇を誕生させたのです。当然のことながら後水尾天皇は院政を敷くことになりますが、それは過去の歴史を見れば当然の成り行きです。

幼くして即位した明正天皇ですが、大人の権力誇示の争いの中で誕生した、気の毒な女性天皇だったというわけです。

明正天皇即位後も大人の権力誇示の争いは続きました。

1642年、明正天皇の母で秀忠の娘である東福門院《とうふくもんいん》和子は、後水尾天皇と園光子《そのみつこ》との間の男子紹仁親王《つぐひとしんのう》（後水尾天皇の第4皇子）を養子とし、皇太子にします。養母が徳川家の出なので、紹仁親王の外戚は徳川将軍家です。

翌1643年、紹仁親王が11歳で元服すると、明正天皇から譲位され、第110代後光《ごこう》明《みょう》天皇として即位します。

1654年10月、後光明天皇は疫病により崩御しますが、その前月の9月に自身の末の弟識仁親王《さとひと》を猶子《ゆうし》にしています。しかし、識仁親王は7月に生まれたばかりの乳飲み子でした。

そこで後水尾天皇の親王で有栖川宮家2代目当主となっていた良仁親王《ながひとしんのう》が、1655年、第111代後西《ごさい》天皇として即位することになります。

幼かった識仁親王が10歳になった1663年、後西天皇は識仁親王に譲位し、識仁親王は第112代霊元《れいげん》天皇として即位します。

明正天皇は幼くして即位したとはいえ、ここにも「女性天皇はもうこりごり」と言いたくなる混乱を招いた事実があったことを忘れてはいけません。

## 「中継ぎ」として即位してきた女性天皇

ここまで女性天皇の誕生に関連する政治的な動きについて、孝謙天皇、称徳天皇、明正天皇のケースを紹介してきました。10代存在した女性天皇のうち、まだ説明していない女性天皇とその即位の経緯を簡潔に紹介しておきます。

**第33代推古《すいこ》天皇**（在位593～628年）

父は第29代欽明《きんめい》天皇、母は蘇我稲目《そがのいなめ》の娘。夫は異母兄の第30代敏達《びだつ》天皇で、2男5女をもうけています。

第32代崇峻《すしゅん》天皇（欽明天皇の第12皇子で推古天皇の異母弟）が592年、蘇我馬子《そがのうまこ》（妻の父）に暗殺されます。崇峻天皇が蘇我馬子を斬りたいというようなことを暗に言ったというのが暗殺の理由です。

崇峻天皇の暗殺後、第3皇子の蜂子皇子《はちこのみこ》が東北に逃げ延びるなどし、天皇の座は空位に。国内の混乱を収めるため、蘇我馬子をはじめとする有力な豪族たちが額田部皇女《ぬかたべのひめみこ》（後

## ■10代８人の女性天皇

| 歴代女性天皇（在位期間） | 即位時の年齢 | 男系の系統 | 配偶 | 即位前の身分 |
|---|---|---|---|---|
| 第33代　推古天皇（592～628） | 39歳 | 欽明天皇 | 敏達天皇 | 皇后 |
| 第35代　皇極天皇（645～645）★ | 49歳 | 敏達天皇 | 舒明天皇 | 皇后 |
| 第37代　斉明天皇（655～661）★ | 62歳 | 敏達天皇 | 舒明天皇 | 皇祖母尊 |
| 第41代　持統天皇（690～697） | 45歳 | 天智天皇 | 天武天皇 | 皇后 |
| 第43代　元明天皇（707～715） | 46歳 | 天智天皇 | 草壁皇子 | 皇太妃 |
| 第44代　元正天皇（715～724） | 35歳 | 天武天皇 | 未婚 | 内親王 |
| 第46代　孝謙天皇（749～758）☆ | 31歳 | 聖武天皇 | 未婚 | 皇太子 |
| 第48代　称徳天皇（764～770）☆ | 46歳 | 聖武天皇 | 未婚 | 太上天皇 |
| 第109代 明正天皇（1629～1643） | 5歳 | 後水尾天皇 | 未婚 | 内親王 |
| 第117代 後桜町天皇（1762～1770） | 22歳 | 後桜町天皇 | 未婚 | 内親王 |

＊★と★、☆と☆は重祚なので同一人物。

の推古天皇）に即位を打診したのでした。額田部皇女は、3度目の要請でようやく決断。592年、39歳で即位し、日本初の女性天皇となりました。

## 第35代皇極《こうぎょく》天皇（在位642～645年）

父は茅淳王《ちぬのおおきみ》（敏達天皇の孫）、母は欽明天皇の孫。夫は第34代舒明《じょめい》天皇で異母弟でもある。

夫の舒明天皇の死後、跡継ぎの皇子が決まらず、642年、皇極天皇が即位。即位時49歳。

622年に聖徳太子《しょうとくたいし》が没すると蘇我氏が権勢を強め、蘇我蝦夷《そがのえみし》とその息子の蘇我入鹿《そがのいるか》が専横をふるいました。それが豪族たちの怒りを招き、義憤に駆られた中大兄皇子《なかのおおえのおうじ》（舒明天皇と皇極天皇の間に生まれた息子、後の天智天皇）と中臣鎌足《なかとみのかまたり》（藤原氏の始祖、後の藤原鎌足）は、蘇我氏滅亡を目的にしたクーデターを企てます。

645年6月12日、中大兄皇子と中臣鎌足は皇極天皇の面前で蘇我入鹿を討ち、蘇我蝦夷は翌13日、自害に追い込まれました。いわゆる「乙巳《いっし》の変（大化の改新）」です。

6月14日、皇極天皇は、第36代孝徳《こうとく》天皇（敏達天皇の曾孫、娘の夫）に譲位します。これが日本初の天皇の譲位です。

孝徳天皇は中大兄皇子を皇太子とし、中臣鎌足は内臣《うちつおみ》に任じられ、軍事指揮権を握ることになります。

孝徳天皇は「改新の詔《みことのり》」を発し、天皇中心の中央集権国家を目指す政治の方針を打ち立てました。

## 第37代斉明《さいめい》天皇（在位655～661年）

654年に孝徳天皇が病没すると皇極天皇が重祚して、第37代斉明天皇として即位。即位時62歳。息子である中大兄皇子が政治の実権を握ることになります。

661年、斉明天皇は病没。668年、実権を握っていた中大兄皇子が第38代天智天皇に即位します。672年、天智天皇が病没すると、天智天皇の長子である大友皇子《おおとものみこ》（1870年、明治3年になって第39代弘文《こうぶん》天皇と追号されたが、実際に即位したかどうかは不明）と、天智天皇の同母弟大海人皇子《おおあまのおうじ》とが後継者を巡って争いました（壬申《じんしん》の乱、672年）。

結局、大海人皇子が勝利し、大友皇子を自決させる。その翌年、大海人皇子が第40代天武天皇として即位しました。

**第41代持統《じとう》天皇**（在位690～697年）

父は、天智天皇。母は蘇我遠智娘《そがのおちのいらつめ》（蘇我入鹿のいとこの娘）。夫は第40代天武天皇。夫の天武天皇が没してから殯《もがり》（本葬をする前に棺に遺体を納めて仮にまつること）の期間が長く、その間に息子の草壁皇子までも没する（689年）。草壁皇子に次ぐ皇位継承者、大津皇子が謀反の罪で自害。その時、草壁皇子の息子（後の文武天皇）はまだ7歳という幼さ。これらの理由から、夫の後を継いで持統天皇が即位します。即位時の年齢は45歳。

697年、持統天皇は草壁皇子の息子に譲位、第42代文武天皇が誕生しました。

この間に前述した**元明天皇**、**元正天皇**、**孝謙天皇**、**称徳天皇**、**明正天皇**が入ります。

**第117代後桜町《ごさくらまち》天皇**（在位1762～1771年）

父は第115代桜町天皇（その第2皇女が後桜町天皇）。母は関白二条吉忠《にじょうよしただ》の娘。

1747年、桜町天皇が第一皇子（後桜町天皇の異母弟）に譲位して第116代桃園《ものぞの》天皇が6歳で即位。1750年、後の後桜町天皇は内親王宣下されますが、その翌月、桜町天皇が崩御。1762年には桃園天皇も崩御。桃園天皇の遺言であるということにして後桜町天皇が即位します。

しかし、実際のところは桃園天皇の皇子英仁親王《ひでひとしんのう》がまだ5歳と幼かったので、五摂家の当主らの会議により、後桜町天皇が中継ぎの天皇として立てられたと考えられます。

1771年、後桜町天皇は甥の英仁親王に譲位。即位して第118代後桃園《ごももぞの》天皇が誕生します。

後桃園天皇は男子を残さぬまま1779年に崩御。1780年に閑院宮家の師仁王《もろひとおう》が第119代光格《こうかく》天皇として即位し、今上陛下へと直系でつながっています。

以上、女性天皇の歴史を振り返ってみました。

ここに示したように、女性の天皇であってもすべて男系の天皇であり、よく混同される「女系天皇」は歴史上一度も存在していません。

そして女性天皇はほとんどの場合、その時に皇位を継承する男系男子が幼いなど、皇位を継ぐ適当な人物が存在しないときに「中継ぎ」として即位しました。そのため周囲の政治的な思惑に振り回されるなど、気の毒な人生を歩まざるを得ませんでした。

ちなみに大人の皇位継承者が存在し決定しているのに、女性天皇を立てるなどということは一度もありません。

## 現代の女帝は皇統破壊に直結する

また、女性天皇は生涯独身か、あるいは皇族と結婚した未亡人のどちらかであり、即位後には結婚も出産もしないことを強いられました。女性の幸せは結婚と出産とは言いませんが、女性天皇にはこうした制約がありました。

これは男系男子による皇位の継承を守っていくうえで、新たな火種を作らないための制約です。

別の言い方をすれば、この10代8人の女性天皇がおられたおかげで、皇統は維持されてきたのです。

自分を捨てて制約に耐えた8人の苦労や悲しみを思えば、今の時代において、「女性の天皇もありではないか」などとは軽々しく言えないはずです。

もし愛子さまが天皇になられた場合、愛子さまに歴史上の女性天皇と同じ苦労や悲しみを味わわせることにならないとは言い切れません。

「愛子天皇」を待望する方々、もっと深く「女性が天皇になった場合」を想像してほしいものです。

皇位継承の安定を図るために女系天皇を認めようという議論がありますが、それは安定ではなく、皇統破壊です。女系天皇が誕生した時点で皇統の歴史は終わり、日本はこれまでとは違った「異質の国」になってしまいます。

「愛子天皇」の実現は皇統を途絶させ、やはり日本を「異質の国」にしてしまいます。

歴史上の女性天皇たちの生きた姿に思いを馳せることなく、女性天皇、女系天皇を議論することは厳に慎まねばなりません。

第2章

# 万世一系について考える

## ――Y染色体とX染色体

## なぜ皇位は皇統の男系男子によってつながれてきたのか

実在が確認されている第26代継体《けいたい》天皇から126代の今上天皇に至るまで、日本の皇室は皇統の男系男子で継承されてきています。これを「万世一系」と呼んでいます。「万世」は永久、「一系」は同じ血筋の意味です（10代8人の女性天皇が中継ぎとして存在しましたが、全員、父や祖父が天皇である、男系女子です）。

1500年以上も父方の血筋が続いているのは、世界の王室の中でも日本だけです。日本人はここに歴史の重みと伝統を継承する代表格として誇りを感じていますし、世界の国々、特に王室を持つ国は日本の皇室に一目も二目も置いているというわけです。

昨今、ジェンダー平等の観点から、「男系男子しか国民統合の象徴である天皇になれないのは不平等」という声を耳にするようになりました。

そうした声とともに、今上陛下ご夫妻のお子さまは愛子さまお一人であり、安定的な皇室存続の方法の一つとして、女性天皇や女系天皇を認めてもよいのではないかという声も高まっています。

しかしそういう声があるからといって、闇雲に女性天皇や女系天皇を認めてしまうことは、長い年月をかけて築き上げてきた日本の歴史や伝統をあっさり捨ててしまうことを意味します。

第一章でも述べましたが、現代の女性天皇からは女系天皇が現れ、それは皇統が滅ぶことを意味するので決して認めてはならないことです。

では、なぜ皇位は皇統の男系男子によって受け継がれてきたのか。それは、「皇統に属する男系男子によって伝統的に受け継がれてきたから」というよりほかありません。

私がこう言うと、「なぜそのような伝統なのか」と質問を受けそうです。しかし、そうして続けてきたから「伝統になった」のですから、その意味を説明することはほとんど無意味です。

しかし、私はこうも考えます。

「伝統になった理由の説明はほとんど無意味かもしれないが、少なくとも長く続いている伝統には時の重みや、淘汰にもかかわらず残ってきた古くて優れたところがあるに違いない」

つまり伝統とは、それに従っていれば間違いがない、誤りがないと先人たちが考え、経験的に知ったことを実行し続けた結果だと思うのです。

## 男系男子による継承は皇統乗っ取りの防止システムでもあった

また極めて現実的な問題として敢えて論ずるなら、男系男子による皇位の継承を続けていると、時の権力者によって皇統が乗っ取られることを避けられるという意味があります。

たとえば藤原道長は娘を4人、天皇の后として送り込みました。

長女の彰子《しょうし》を第66代一条《いちじょう》天皇の妻に、次女の妍子《けんし》を第67代三条《さんじょう》天皇の妻に、3女の威《い》子《し》を第68代後一条《ごいちじょう》天皇の妻に、6女の嬉子《きし》を第69代後朱雀《ごすざく》天皇の妻に、という具合です。

有名な望月の歌、「この世をば　我が世とぞ思ふ　望月の　欠けたることもなしと思へば」を詠んだのは3女威子を送り込んだときだと言われています。天下をとったつもりだったのでしょう。

実際、後一条天皇と後朱雀天皇は、一条天皇と彰子との間の子で、第70代後冷泉《ごれいぜい》天皇は、後朱雀天皇と嬉子との間の子です。

こうして外戚として権勢をふるうことになった道長でしたが、皇統を男系男子でつないでいる限り、送り込めるのは娘であり、息子ではありません。娘たちの産んだ子がたとえ何人天皇になったとしても、その天皇は皇統に属します。

だから皇統を乗っ取ることは永遠にできなかったのです。

## 祭祀王である天皇には頑強な体力が必要

なぜ皇位は皇統の男系男子で受け継がれなければならないのか、その理由をあえて言うなら、天皇が祭祀王《さいしおう》だからと説明できるでしょう。

例えば、毎年11月23日に行われる新嘗祭《にいなめさい》。宮中三殿の近くにある神嘉殿《しんかでん》で、天皇がその年に収穫された新しい五穀（米・麦・粟《あわ》・豆・黍《きび》または稗《ひえ》）を神々に捧げて感謝し、来年の収穫を祈る祭祀です。

新嘗祭は神話に天照大御神《あまてらすおおみかみ》が奉仕されたと伝えられる神事で、天皇の命日の例祭などとともに宮中祭祀の中でももっとも重要な恒例行事となっています。

特に、天皇が即位後に初めて新穀を天照大御神や天神地祇《てんじんちぎ》に捧げる祭祀を「大嘗祭《だいじょうさい》」といいます。

ほかにも、宮中三殿で毎月1日、11日、21日に執り行われる旬祭があり、天皇陛下は神々に国と国民の平安を祈ります（天皇陛下は1日のみご出席、あとは掌典長が行う）。

こうした祭祀を天皇陛下自らがなさるわけです。日本では女性の出産や月経は「穢れ《けが》」として扱われ、その期間中は祭祀に出席できないので、男性が祭祀王を務めることになったのだと思います。

そうした「穢れ」の問題もありますが、私は、男性である天皇が祭祀王を務める現実的な理由は、男女の体力差ではないかと考えています。

上皇さまが皇位を退かれるときの大きな理由として、「体力の面などからさまざまな制約を覚える」ことを挙げていらっしゃいました。そもそも祭祀を行うには頑強な体力が必要なのです。

## 「男系男子」への生物学的アプローチ

皇位は父から息子へ、あるいは弟や甥へなど、皇統の男系男子で継承されてきたわけですが、すでに1500年前の古代に、そういう継承の仕方に何らかの意味を見出していたのではないかと思います。

第25代武烈《ぶれつ》天皇には後継の男子がおらず、第15代応神《おうじん》天皇まで系図を5代も遡り、また5代降りてきて、越前の国におられた第26代継体天皇（在位507～531年）を探しだしたという歴史は、何としても男系男子で皇位を継承するというルールがこのころまでに確立していたし、そういう継承に何らかの意味を見出していたことの有力な証拠になるでしょう。

その意味とは「何かが変わることなく純粋に次代に受け継がれていく。だから続ける意味がある」と直観的に見抜いていたからではないか。そう私は考えています。

以下その「何か」を、動物行動学を研究する立場の者として説明してみます。

ただし断っておきますが、「生物学の観点からこういう見方もできる」ということであり、「これが正解」「これがすべて」などと言うつもりはありませんし、言えるものでもありません。ましてや皇族の方々に遺伝子の検査をせよなどと言っているわけでもありません。

皇位の受け継がれ方を考えるうえで、すっきりと視覚的に理解することができるというくらいの意味合いと考えてください。

日本の皇室は神武《じんむ》天皇から今上陛下に至るまで126代、父方をさかのぼると必ず第1代の神武天皇につながる男系、つまり父系で継承されてきました。いわゆる「万世一系」です。

天皇は天照大御神の子孫とされており、日本国民統合の象徴として在り続けています。国難に直面したとき国民が心を1つにできたのも、他国からの侵略に対して、団結して独立を維持してくることができたのも、天皇という存在がその力の源となってきたからにほかなりません。

国民に偉大な力を与えてくれる天皇ですが、その力はどうして宿ったのかといえば、皇位が男系男子で受け継がれてきたことにあると思います。

ならば、なぜ皇位は男系男子で受け継がれてきたのか。この点を生物学の観点からアプローチしてみたいと思います。

## 「染色体の家系図」でわかるY染色体の特徴

57ページの図をご覧ください。これは、一組の夫婦の血を引く子や孫、ひ孫にX染色体（赤とピンクとオレンジ）とY染色体（青）がどのように受け継がれていくのか、その変化を視覚的にわかりやすく示した「染色体の家系図」です。

私たち人間の体は約37兆個の細胞から成り立っています。その細胞の中には核があり、核の中に染色体があります。遺伝子は染色体上に存在します。

1本の染色体には数百から数千の遺伝子が含まれていますが、人間の正常な細胞には22対の常染色体と一組の性染色体、合計46本の染色体が存在します。

私たちは常染色体を性にかかわらず持っています。しかし性染色体は、女性はXとXの対、男性はXとYで対にはなっていません。

「染色体の家系図」を見てわかる通り、一組の夫婦の常染色体の情報は、子どもに半分ずつ受け継がれます。これを頭に置き、改めて「染色体の家系図」を見てください。

夫婦の娘は性染色体をどう受け継ぐかというと、母親の側から受け継ぐときは、母親の対になっている2本のX染色体に切れ目が入って中身を交換し、新しい染色体を構成します。これを「交差」といいます。

交差によって新しくできたX染色体は「母親由来の性染色体」（図では赤とピンク）となり、父親由来のX染色体とともに一対をなします。

その娘に娘（孫）が生まれたときも同じことが起きます。図にあるように、娘の娘の染色体の赤やピンクやオレンジの色の割合が違うのは、自分の母親からX染色体を受け取る際に、X染色体に切れ目が入って新しい染色体ができた結果です。

このようにX染色体の受け継がれ方を女性に限ってみると、最初の夫婦から代を重ねるごとに次第に薄まってしまうのです。

一方、最初の夫婦の間に生まれた息子の性染色体はどうでしょう。

息子のX染色体は、自分の姉（あるいは妹）と同じように母親の二本の染色体が交差し

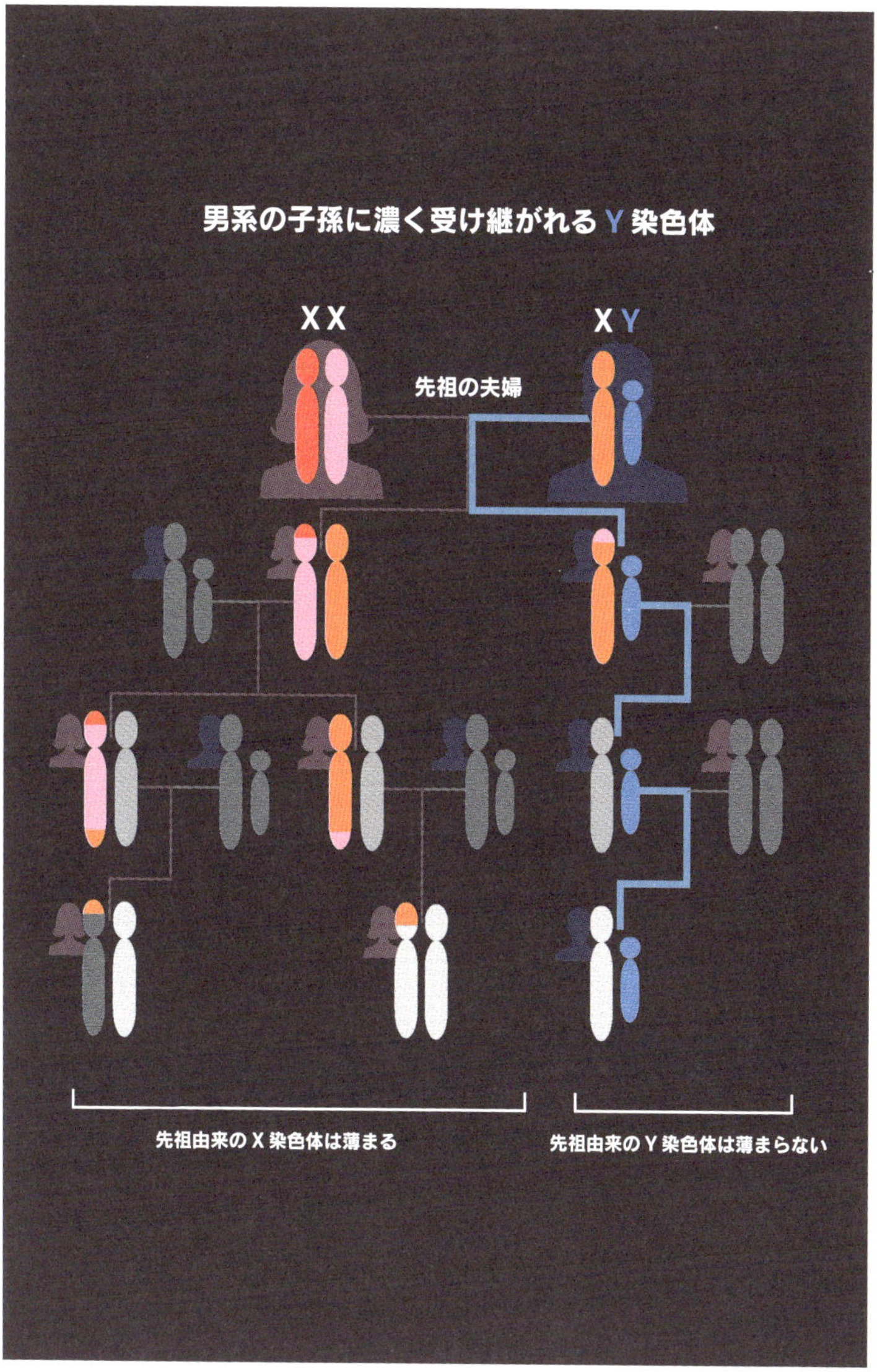
男系の子孫に濃く受け継がれるY染色体
XX
XY
先祖の夫婦
先祖由来のX染色体は薄まる
先祖由来のY染色体は薄まらない

て新しくできた母親由来の染色体です。

ところがY染色体は男にしか存在しないので息子は父から譲り受けるほかはありません。またXとYは対になっていないので交差は起こりません。息子は父からY染色体をそっくりそのまま受け継ぎます。

この現象は息子の息子（男の孫）、息子の息子の息子（男のひ孫）と、男でつなぐ限り変わることがありません。

つまり、先祖由来のX染色体は男でも女でも薄まるが、男でつなぐ限り、Y染色体は薄まらないのです。

以上のことから、一組の夫婦の染色体の情報が子どもたちにどれだけ残るかというと、「娘↓娘↓娘」の場合だと、父親と母親の情報はあっという間に薄まってしまう。それに対して「息子↓息子↓息子」の場合は、母親の情報は薄まってしまうが、父親のY染色体の情報はそのまま子孫に受け継がれるというわけです。

ただし、断っておきたいことが2つあります。

1つは、X染色体とY染色体では、X染色体同士のような交差は起きないと言いましたが、厳密に言えばそれらでも交差は起きています。

しかし、それはX染色体とY染色体、それぞれの最末端の本当に小さな領域で起きているだけで、途中の部分にばっさり切れ目が入ることはない。だから「Y染色体は父親から息子へ代々そのままの状態で受け継がれる」と言い切ってよいと思います。

もう1つは突然変異です。どの遺伝子にも時々突然変異は起きます。Y染色体が載せている遺伝子が突然変異によって変容することはあります。

こういうことを考慮したとしても、Y染色体とX染色体の決定的な違いは、Y染色体の場合は、ほぼ同じものが男から男へと何代にもわたって受け継がれるということです。

## 息子の孫か、娘の孫かで異なるおばあさんの態度

染色体の存在が発見されたのは19世紀半ば、モーガンが遺伝の染色体理論を確立し、ノーベル生理学・医学賞を受賞したのは１９３３年です。

しかし人間というのは、遺伝子や染色体の存在を知らなくても、「父親から息子へは純粋に何かが伝わる」ということを直観的に感じ取っていたのだと私は確信しています。そ

れは、次に挙げる事例でイメージしやすくなると思います。

孫は目に入れても痛くないといいます。しかし同じ孫であっても、「息子の息子」か、「息子の娘」か、「娘の息子」か、「娘の娘」かによって、主に祖母がとる態度に微妙な違いがあることがわかっています。

本当は、祖父の態度はどうかということも考えなければいけないのですが、ここでは祖母のみに限って話を進めたいと思います。

というのは、これから紹介する話は、なぜ女性は生殖能力を失ってから何十年も生きるのか。それはおばあさんとして孫の面倒を見るためであり、そのほうが自分が子を産み続けるよりも自分の遺伝子を効率的に次の世代に伝えられるからだという「おばあさん仮説」を検証する際に登場した研究だからです。

## おばあさんは息子の孫娘をかわいがる

次ページの図を見てください。前述したように、人間は22対の常染色体と1組の性染色

## どの孫が可愛い？

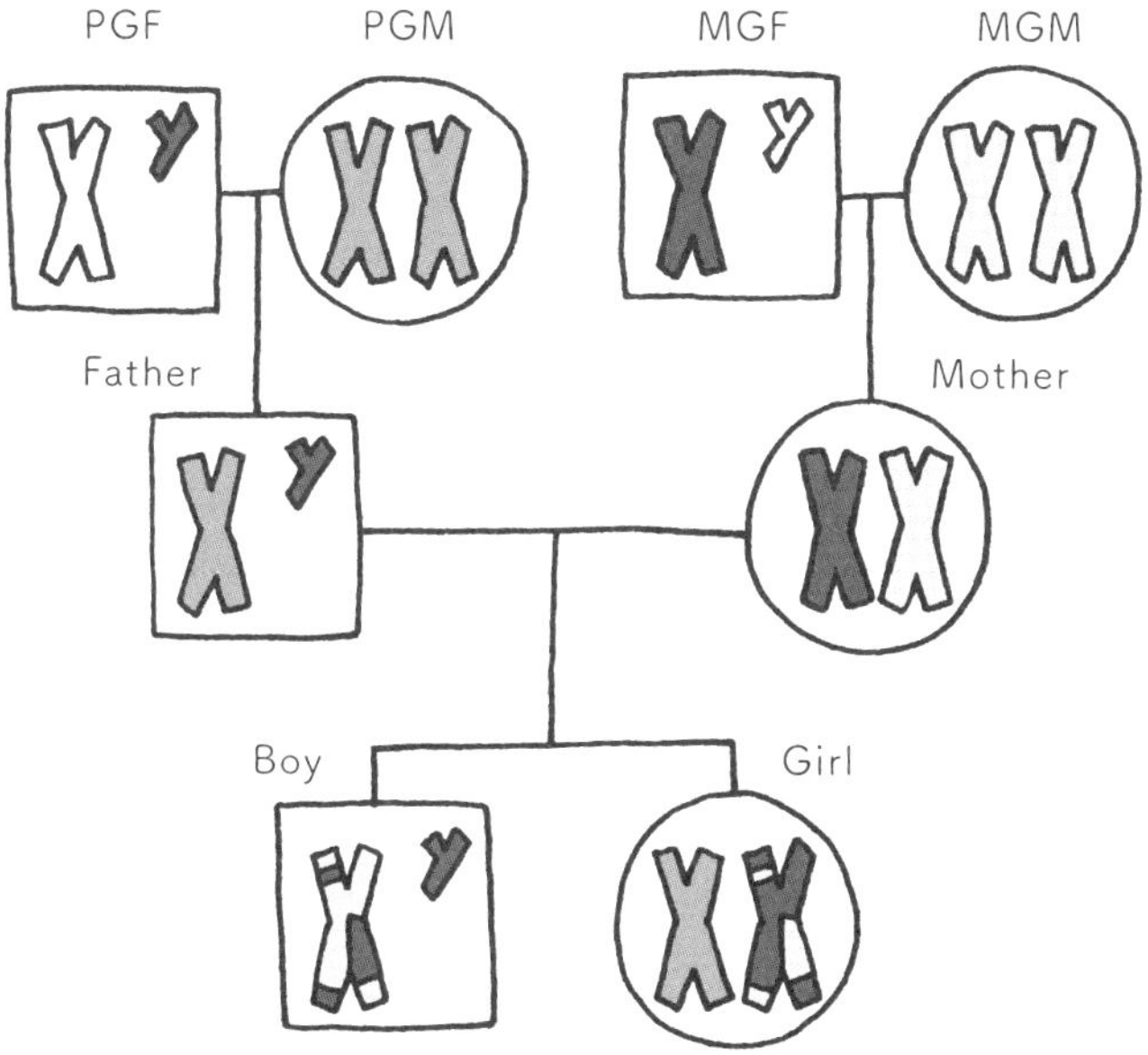


自分の遺伝子を多く受け継ぐ孫ほど可愛く、
祖母は世話をやく。

『世の中、ウソばっかり！』（PHP文庫）より

体を持っています。

常染色体は男と女の差による違いはなく、性染色体のみ男がXY、女がXXという状態になっています。

男は父親からY染色体を受け継ぐ都合上、X染色体は母親由来のものを受け継ぎます。一方、女はXXのうちの1本は母親由来、もう1本は父親由来になります。

この図は、父方の祖母（PGM）と母方の祖母（MGM）のX染色体が孫にどのように受け継がれていくかを示したものです。

図の中にXがモザイク状になっているところがありますが、これは女性の生殖細胞ができる際に、X同士の交差によって中身の一部が交換されたことを表しています。

次に孫の代に注目します。父方の祖母は孫娘に自分のXのうちの50％もの遺伝子を受け継がせていますが、孫息子の場合は0％で、まったく受け継がせることができないのです。

では、母方の祖母はどうかというと、孫は性別に関係なく、自分のXの25％を受け継いでいます。

このように、遺伝子の継承の度合いには違いがあります。となれば、祖母の孫に対する行動も違ってくるのではないか。言うまでもなく、自分の遺伝子を多く受け継いでいる孫に対してはせっせと世話をするが、あまり遺伝子を受け継いでいない孫に対してはそれほど世話をやかないのではないかと推測できるわけです。

## 直観的に理解できる染色体や遺伝子の影響

研究者であれば、孫によって自分の遺伝子を受け継いでいる量が違えば、祖母には孫に対する心理や行動に差があるに違いないと考えて、その実際を確かめたくなるものです。それを実際に調査して検証した研究者たちがいました。

その研究者たちは、祖母と孫が近くで生活していれば、祖母が孫の世話をよくやくだろうから、そのせいで孫たちの生存率は高まるはずだという仮説を立てたのでした。

調査は世界の7地域に及び、文明国の昔の記録だけではなく、現代でもあまり開発されていない部族も調査しました。

日本では歴史的なアプローチとして長野県が調査対象に選ばれ、寺院と関係していた人々を記録した宗門人別帳を基に、江戸時代から明治時代の約200年間にわたって母方祖母と父方祖母について、祖母と孫は同居か同じ村で暮らす（このいずれもが近くにいるとみなす）、それとも離れて生活しているか、そのケース別の生存率が調査されました。

研究者たちは、遺伝子の受け継ぎ方からすれば、母方祖母と孫が近くで生活していれば、孫娘も孫息子も同様に生存率が高まる（なぜなら両者ともに母方祖母のXを25％ずつ受け継ぐので、同じように世話を受け、同じように生存率が高まるはず）。

そして父方祖母が近くで生活していれば、孫娘はすごく生存率が高まる一方で、孫息子の場合はそれほど高まらない。なぜなら孫娘は父方祖母のXの50％を受け継ぐのですごく世話をしてもらえ、生存率もよく上がるが、孫息子はXについてはまったく受け継いでいないので、その分あまり世話をしてもらえないため、生存率はあまり上がらないはず。こういう結果が出ることを期待していたのだろうと思います。しかし、結果は期待どおりではありませんでした。

確かに母方祖母と孫が近くにいると、孫息子も孫娘も、どちらも同じように生存率は高まる。理論通り、予想通りです。母方祖母は孫息子、孫娘が自分のXを同様に受け継いでいることを「知っている」のです。

ところが、父方祖母と孫が近くにいると、孫娘の生存率は上がるけれども、孫息子の生存率は下がったという結果が出てしまったのです。

この結果は私にとっても大変意外でショッキングだったので、ネットの動画で話したことがあります。何しろ父方祖母は他人ではなく、実の孫を世話するのです。それなのになぜ生存率が下がってしまうのか！　それに対してある視聴者から興味深いコメントをいただきました。

それは、「私は女性だけれど、主人のお母さんが運転する車に自分の息子を乗せるのは本能的に嫌だ。危ないと思った」というものでした。

私はこのコメントを読んで、「やっぱりそういうものか」と思いました。つまり、染色体や遺伝子について深く知らなくても、血のつながりの深さ、浅さによって安心であるかどうか、安全であるかどうかは直観的に見抜くことができる。

それは昔の人もそうであったに違いない。いや、むしろなんの科学的な知識のない昔の人のほうが直観力は鋭かったのではないでしょうか。

古代の人は、代々変わらぬ何かを受け継ぐことができるのは男系男子のみとわかっていたので、「皇位は皇統の男系男子」というルールを自然なかたちで受け入れていたのだと思います。

## 疑いのない母性、不安がつきまとう父性

性染色体のXに注目することで「父方祖母の孫娘贔屓《びいき》」はご理解いただけたと思います。今度はその観点をいったん取り除き、「父性の信頼度」についてお話しします。

「父性の信頼度」というのは、女が生んだ子は疑いもなく彼女の子だが、男にとってはパートナーが生んだ子であっても、本当に自分の子であるかどうか常に不安が残る。つまり、母性とは違い、父性には常に信頼度の問題がつきまとうということです。

まず、母方祖母と母方祖父、この夫婦の娘、その娘が生んだ子という系譜について考えてみます。

ここで、男にとって「わが子がわが子ではないかもしれない」という疑いが介入するケ

## 祖父母の不安要素

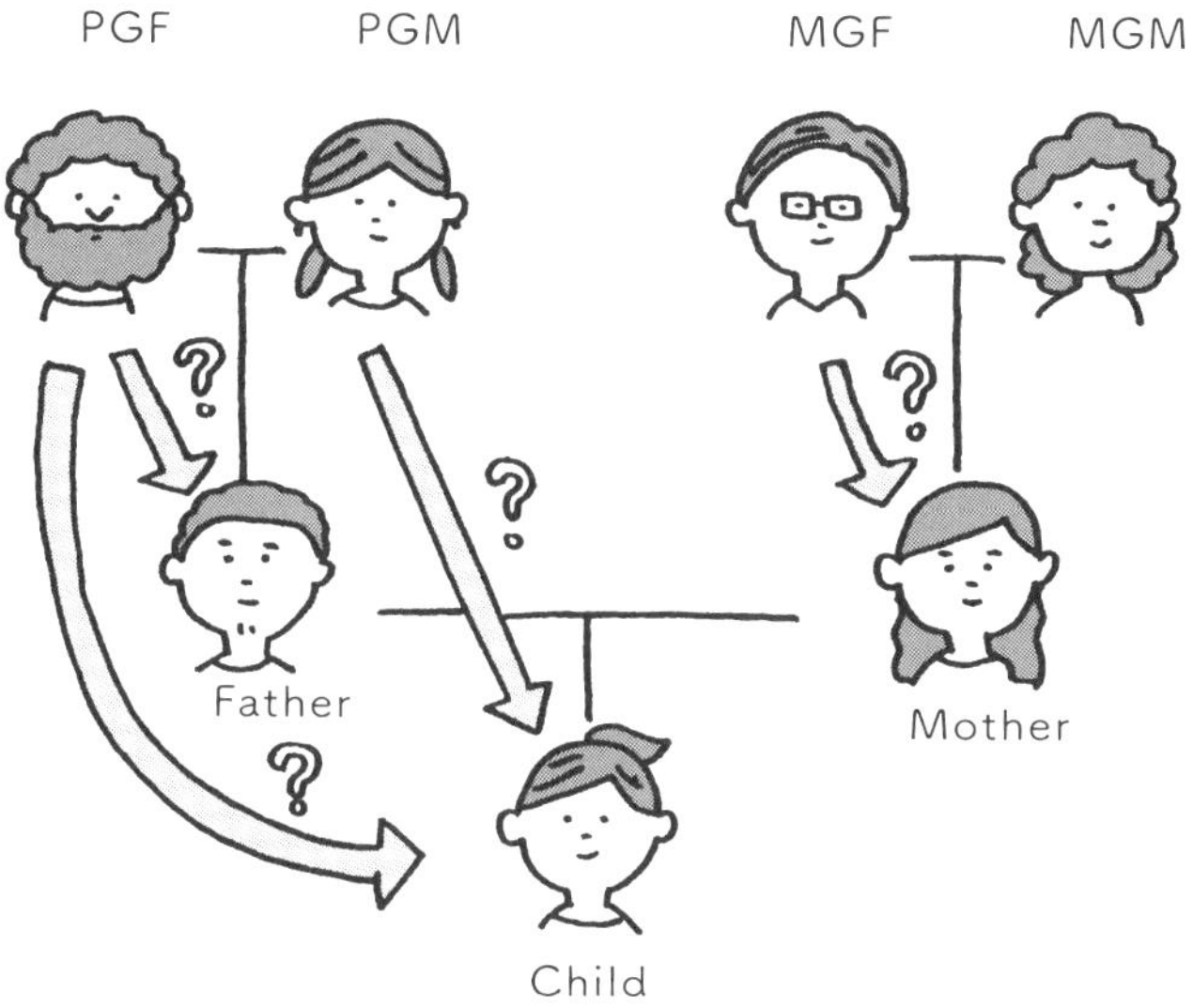


祖父母によって、
孫と自分の血縁関係に不安がある。

『世の中、ウソばっかり！』（ＰＨＰ文庫）より

ースは、「母方祖父→この夫婦の娘」という段階のみです。

しかし、「母方祖母→娘」「その娘→子」という段階では、どこにも不安要素はありません。

つまり母方祖母にとっては、孫はどの子も絶対に血のつながった存在ということになります。


では、父方祖母、父方祖父、この夫婦の息子、その息子の子という系譜についてはどうでしょう。

男にとって、「わが子がわが子ではないかもしれない」という疑いが介入するケースは、「父方祖父→この夫婦の息子」「その息子の子」という2か所です。

父方祖父にとっては、連続して2か所の不安要素となりますが、父方祖母にとっては、自分が生んだ子は間違いなく自分の子。したがって、不安要素となるのは「その息子の子」の1か所のみです。

## 遺伝子の共有度合いで変わる孫に対する祖父母の行動

研究者でなくても、息子の孫息子か孫娘か、娘の孫息子か孫娘かで祖父母の行動が異なるかもしれないと言われれば関心を持つでしょう。研究者ならなおさらです。研究者は、祖父母の行動の違いをどのように証明すればよいかを考え、距離が離れていても孫に会いに行くかどうかを調査することに決めました。

つまり困難（距離が離れていること）があったとしても、それを乗り越えて欲求（孫に会うこと）を満たすかどうかを調査したのです。

調査地にはオランダを選びました。アメリカのような広大な国土を持つ国だと、たとえばニューヨークからロサンゼルスに行くのは肉体的にも経済的にも大変なので、その要素が入り検証しにくい。そこで九州と同じくらいの面積のオランダを調査地に選びました。オランダは鉄道が整備されているので、格好の条件がそろっています。

そうすると、結局、いちばん不安要素が少ない母方祖母は、孫との間の距離がかなり離れていても、それをものともせず熱心に会いに行く。しかし、母方祖父、父方の祖父母は、ちょっと距離が離れると億劫になったりして、だんだん孫に会いに行かなくなるという結果が出ました。

やはり父性というものは信頼度が低く、信頼度の高さによって孫への行動は変わる。つまり、遺伝子の共有度合いによって行動が変わってくるという結論が得られたのです。

## 古代人は遺伝子の特徴を直観的に理解していた

医学用語に「HLA」というものがあります。

HLA（Human Leukocyte Antigen）とは、自分と他者を識別する役割を担う免疫機構のことで、HLA-A、HLA-B、HLA-C、HLA-DRなどの遺伝子座があり、そこには何十、何百種類もの遺伝子が存在するので、その組み合わせは膨大になります。

HLAはMHC（Major Histocompatibility Complex）と言われることも多く、人間でもこのMHCという言い方をすることがあります。

HLAまたはMHCは臓器移植のときに問題になります。それは、それぞれの遺伝子座における遺伝子の型が合わないと移植された臓器を異物と認識し、免疫反応により臓器を攻撃してしまう、いわゆる拒絶反応が起きるからです。

このように臓器移植では臓器を提供する人とのＨＬＡの型の適合が重要で、まったくの他人だとなかなか合う人が見つかりません。しかし血縁者だと見つかりやすく、多くの臓器移植が親子や兄弟姉妹の間で行なわれるのはこのためです。

ＨＬＡの遺伝子座はごく近くに存在するので、セットとして親から子へ伝わります。仮に父親のセットをαβ、母親のセットをγδと呼ぶならば、子はαγ、αδ、βγ、βδの四種類の受け継ぎ方をします。

つまり、子は親とは必ず半分一致する。キョウダイはもしキョウダイ数が多ければ、自分と完全に一致する場合もあるというわけです。

また臓器移植のときはＨＬＡのすべての遺伝子座の型が一致しなくても、押さえておくべき三つの遺伝子座が一致すればよいとされています。

臓器移植の際にはなるべく型が一致することが大事ですが、結婚やパートナーを見つけるとなると今度は逆で、型の一致が少ない相手を選ぶことが重要になります。

なぜなら型がよく一致する相手との間に子をつくると、子どもが同じ型を重複して持つ可能性が高まり、免疫的に損だからです。

一方、型がなるべく一致しない相手を選べば、子に型のバリエーションを増やすことができ、免疫的に得になります。

では、動物としての人間はどのような戦略をとってきたのか。これは男にはなく女にしかない性質なのですが、パートナーを選ぶとき、自分とHLAの型の重なりの少ない人を匂いの良し悪しによって選ぶという戦略です。

何人かの男性の体臭が染み込んだ布をそれぞれ試験管に入れ、女性たちにその匂いをかいでもらい、匂いの評価を下す実験があります。

その場合、自分のHLAと型の重なりの少ない相手をよい匂い、重なりの多い相手をよくない匂いと感ずるわけですが、あくまで自分との関係。

なので、同じ男であっても、ある女にとってはとてもよい匂いと感じられても、別の女にとってはよくない匂いと感じられます。

こういう研究もありました。

現在お付き合いをしている大学生のカップルたちのHLAの型を調べ、かつその女性のほうにオルガズムの頻度や、子どもができやすい排卵期でのセックスを拒絶しがちかどうか、つまり性的満足度のアンケートをとりました。

その結果、男性とＨＬＡの型の重なりが多い女性は性的に満足せず、排卵期のセックスも拒絶する傾向が強いという結果が現われました。

つまり、男性とＨＬＡの型の重なりが多い女性は、一応お付き合いを始めたが、深く付き合っていくうちにどうやら自分に適した相手ではないということを、性的に満足しないとか、排卵期のセックスを嫌に感じるという本能によって知り、避けようとしているわけです。本能に従ってその人と別れたとしても、それで正解なのです。

こうしたことはマウスでも魚でも見られます。マウスの場合は人間と同じで空気中の匂いですが（というかマウスでわかったことを人間でも試してみた）、魚の場合には水を伝わってくる匂いによって型の重なりの少ないほうのオスを選んでいます。

これらの研究でわかることは、人間も含めた動物の世界ではパートナー選びは頭で考えているのではない。匂いなど、本能によって相手の免疫の型を識別して、型の重なりが少ないほうを選んでいるという側面があるということです。

こうした動物の本能を考えれば、古代の人たちは遺伝子が持っている特徴を本能的、あるいは直観的にキャッチしていたのではないか。だから、遺伝子の知識がなくても、男親のY染色体はそのままのかたちで息子に、その息子のY染色体もさらにその息子に変わることなく受け継がれるという「男系男子が持つ意味」をわかっていたのだと思うのです。

ここまでY染色体にかかわる話をしてきました。Y染色体は何も1種類しかないのではなく、さまざまな種類、さまざまなタイプがあることはもちろんです。

しかし、男だけが持っているY染色体は、男親から息子へ、息子からその息子に、かたちを変えずに受け継がれる。私が断っておきたいのは、この事実を踏まえれば、皇位が皇統の男系男子で受け継がれてきたこと、先人たちが万世一系を選択したことが理解しやすいのではないかということです。だからと言って、私は皇室の方々の遺伝子を調べてはどうかなどと言う気は毛頭ありません。

皇統の男系男子で皇位を継承することは、単に生物学的な面だけを重視するのではなく、既に述べたように政治的には外戚による乗っ取りを避けるという意味もあったでしょうし、それを続けてきた歴史、そこから生まれた伝統、それらを総合したうえで日本という「国の形」が出来上がったことを忘れてはいけません。

## 6世紀初頭には確立していた男系男子による皇位継承

ローマ教皇しかりイスラムの聖職者しかり、広く世界を見ても祭祀を執り行う宗教的指導者は圧倒的に男性が多数です。私がこう言うと、必ずと言っていいほど天照大御神の話を持ち出す人がいます。

たしかに天照大御神は女性で、皇室の祖神、かつ八百万の神々の中でも最も尊い神とされています。

しかし、天照大御神は伊邪那岐命《いざなぎのみこと》が禊《みそぎ》を行った際に左目を洗って誕生したとされています。男女の交わりによって誕生した神ではありません。それに何と言っても神話時代の話です。

皇室の歴史は神武天皇に始まると言われているのですから、神武天皇を初代の天皇として論ずればいいだけの話です。

実際の血のつながりという点では、第25代武烈天皇が後嗣を残さずして崩御したため、男系男子を探して系図を遡り、先帝とは4親等以上離れた継体天皇が皇位を継いだことでもわかるとおり、少なくとも6世紀初頭には男系男子による皇位の継承が確立していたと考えてよいでしょう。

継体天皇は実在したとされているので、以来1500年以上、男系男子による皇位継承が続いているのです。

古代史ファンの中には、なぜ何代も遡って継体天皇が皇位を継いだのかを「古代史の謎」のように言う人がいます。しかし、遺伝子の問題と絡めて考えれば、当時はすでに「絶対に男系男子でつなぐ」という強い信念が定着していたから、それが答えになると思います。

## Y染色体の話は生物学的な一般論と理解してほしい

5、6年前、自民党の国会議員の先生方に呼ばれ、ある科学雑誌に掲載された染色体の系図を見せながら、Y染色体について説明をしたことがありました。

私はこれまでにも述べてきたように、その会合でも、人間の染色体はどのように受け継がれていくかというテーマで、Y染色体に注目すると男系男子に先祖代々の特徴が色濃く受け継がれていくという一般論を説明しました。

ところが、私の話にひどく感心した議員の一人が、このY染色体の遺伝的特徴を万世一系の理論的裏付けのようにストレートに結び付けて「男系男子による皇位継承維持が歴史的にいかに重要か」とツイートしたのです。

そのときは、雑誌社から「その記事では今上天皇のY染色体に言及していない」と指摘され、ちょっとした騒ぎになったことがありました。

繰り返しますが、私が紹介しているのは、Y染色体には男系男子に先祖代々の特徴が色濃く受け継がれていくという生物学的な一般論にすぎず、皇位継承と直接結び付けて話したことは一度もありません。

強いて言うなら、Y染色体の特徴がわかると、男系男子を重要視してきた歴史が理解しやすいのではないかということを再度お断りしておきます。

# 第3章

# 皇統の危機、その解決について考える

## 過去に4度あった「皇位継承の危機」

今上陛下のお子さまは愛子さまだけです。皇位継承は皇統に属する男系男子のみのルールに従えば、現在、皇位を継承できるのは秋篠宮文仁皇嗣殿下、そのご長男である悠仁親王殿下、そして今上陛下の叔父である常陸宮正仁親王殿下のお三方のみです（とはいえ常陸宮さまは上皇陛下の2歳年下の弟なので次代を担うという意味では除外されます）。

そして2020年11月8日に行われた、立皇嗣の礼における立皇嗣宣明の儀では、次代は秋篠宮文仁殿下であることが内外に公式に知らされました。

憲法学者の百地《もも ち》章《あきら》日本大学名誉教授によれば、皇位継承を巡っては過去に4回、大きな危機があったそうです。

1回目は、第25代武烈天皇の時代。すでに述べたとおり武烈天皇に跡継ぎたる男子がいなかったため、系図を5代遡り、5代降りてきて継体天皇が皇位を継承しました。

記紀には継体天皇は応神《おうじん》天皇の来孫（5代あとの子孫）と記されており、「男大迹王《おおどのおおきみ》」として５世紀末の越前地方を統治していたそうです。

継体天皇は武烈天皇の姉（手白香皇女《たしらかのひめみこ》、第24代仁賢《にんけん》天皇の娘）を皇后に迎え、２人の間から第29代欽明天皇が生まれています。

継体天皇はほかにも尾張目子媛《おわりのめのこひめ》の間に、後に第27代安閑《あんかん》天皇となる勾大兄皇子《まがりのおおえのみこ》、第28代宣化《せんか》天皇となる檜隈高田皇子《ひのくまのたかたのみこ》をもうけました。


２回目の危機は、第48代称徳天皇（第46代孝謙天皇が重祚）から第49代光仁天皇へ継承されるときでした。称徳天皇は女性天皇なので当然跡継ぎがいないうえに、天武天皇の系列が粛清された時代で、皇位を継ぐしかるべき男子がいない状態でした。

このときも系図を遡りました。８親等、年月にして約１３０年遡り、第38代天智天皇（中大兄皇子）の子である志貴皇子の息子を後継指名し、第49代光仁天皇が誕生しました。


３回目の危機は、第１０１代称光《しょうこう》天皇から第１０２代後花園天皇へ継承されるときです。

称光天皇は跡継ぎとなる男子がいないまま崩御。称光天皇の崩御を受け、はじめは伏見宮家3代目の貞成《さだふさ》親王に白羽の矢が立ったのですが、54歳と当時としてはかなりの高齢なうえ、上皇と天皇の権力争いに巻き込まれたくないとして出家してしまいました。

そこで貞成親王の第1王子であり、伏見宮家4代目の貞常《さだつね》親王の兄にあたる彦仁《ひこひと》親王が第100代後小松《ごこまつ》天皇（当時上皇）の猶子となって第102代後花園天皇として即位しました。

ちなみに「猶子」とは義理の子のことで、特に公家や武家の社会で兄弟や親族の子らを自分の子として迎え入れた場合にその子を「猶子」と呼びます。

これ以前の危機の時代にはまだ宮家がなかったので、系図を遡ることでしか男系男子を探す方法がなかったのですが、このとき伏見宮家出身の男系男子が皇位を継いだので、宮家が皇統の危機を救った初めての例となりました。

4回目の危機は、第118代後桃園《ごももぞの》天皇から第119代光格《こうかく》天皇への継承時に起きました。このときは70年、7親等遡っています。時代としては、18世紀半ば、江戸幕府10代将軍徳川家治、11代将軍徳川家斉のころです。

後桃園天皇は跡継ぎたる男子がいないまま崩御。しかしその事実を隠し、閑院宮家の3

代目の美仁《はるひと》親王の弟である師仁《もろひと》親王を〝危篤〟の後桃園天皇の養子に迎えた。そして第119代光格天皇として即位させました。

閑院宮家3代目の美仁親王自身も候補に上がりましたが、23歳と養子としては年長なため、当時9歳の師仁親王が養子に迎えられました。

後桃園天皇の皇女である欣子《よしこ》内親王は光格天皇の中宮になりますが、子どもはいずれも夭逝しています。

そして第120代の仁孝《にんこう》天皇は、光格天皇と勧修寺婧子《かじゅうじただこ》との間に生まれた子です。

光格天皇以降、仁孝天皇、孝明天皇、明治天皇、大正天皇、昭和天皇、上皇陛下、今上陛下までは直系でつながっています。つまり、閑院宮家から天皇になられた光格天皇は、今上陛下の直系の先祖ということになります。

以上が歴史上4回あった皇位継承の危機です。

1回目の危機でもわかるように、皇位継承の危機に直面すると、古の人々は系図を遡り、何とか男系男子を探し出して即位させる努力をしているということは注目に値します。

何度も繰り返しますが、このことから、少なくとも継体天皇が即位した6世紀初頭には、「皇統の男系男子による皇位継承」がすっかり確立していたと言って間違いありません。

## 幕末以前まで存在した四世襲親王家の役割

「世襲親王家」とは、天皇との血縁の遠近とは関係なく、代々天皇の猶子（養子）となって、親王の身分を保ち、皇統の危機が訪れたときに天皇になる役割を持つ、皇統の男系男子のいる宮家（天皇家の分家）のことです。

具体的には伏見宮家、桂宮家、有栖川宮家、閑院宮家で、これら4家は「四親王家」と呼ばれています。いずれも有名な宮家なので、名前に聞き覚えがあるでしょう。

以下、四親王家を簡単に紹介しておきます。

### 伏見宮家《ふしみのみや》

伏見宮家の創設は1409年（応永16年）、足利義持《あしかがよしもち》の時代。初代当主は、北朝第3代の崇光《すこう》天皇（在位1348〜1351年）の第1皇子栄仁《よしひと》親王。4代目の兄が第102代後花園天皇として皇統の危機を救ったことは既に述べたとおりです。

現在の当主は伏見博明《ひろあき》氏。旧宮家の皇籍離脱の直前に若くして当主になりましたが、男子がおらず、93歳と高齢で、残念ながら廃絶が決定的です。

## 桂宮《かつらのみや》家

桂宮家は1589年（天正17年）、安土桃山時代に、第106代正親町《おおぎまち》天皇の第1皇子、誠仁《さねひと》親王の第6王子の智仁《ともひと》親王によって創設されました。はじめ智仁親王は豊臣秀吉の猶子になったのですが、秀吉に実子鶴松が生まれたので縁組を解消しました。桂離宮はこの智仁親王によって開かれました。

誠仁親王は皇位に就くことなく早世し、その死後に陽光院の名を贈られましたが、歴代天皇としてはカウントされていません。

また誠仁親王の皇子で智仁親王の兄は第107代後陽成《ごようぜい》天皇になりましたが、桂宮家創設以前のことです。

結局、桂宮家からは天皇は現れませんでした。

安土桃山時代から続いた桂宮家ですが、1881年（明治14年）、当時の当主に男子がいなかったため廃絶になりました。

### 有栖川宮家《ありすがわのみや》

有栖川宮家は徳川幕府3代将軍徳川家光の時代、1625年（寛永2年）に創設されました。

第107代後陽成天皇の第7皇子である好仁《よしひと》親王を初代とします。しかし好仁親王には男子がいなかったため、第108代後水尾天皇の第8皇子である良仁《ながひと》親王を2代目の当主として迎えました。

ところが、良仁親王の兄（後水尾天皇の第4皇子）で第110代後光明天皇が亡くなった後、養子の識仁《さとひと》親王（実は後水尾天皇の第19皇子）が幼少であり、良仁親王が第111代後西天皇となって皇統の危機を救うことになった。そのため有栖川宮家は後西天皇の息子である幸仁《ゆきひと》親王が継ぐことになりました。

1913年（大正2年）、当時の当主に男子がいなかったため廃絶となっています。

ちなみに、京都の観光スポットとして有名な修学院離宮（京都市左京区）は、後水尾天皇によって造営された山荘です。

## 閑院宮家《かんいんのみや》

閑院宮家は、1710年（宝永7年）に第113代東山《ひがしやま》天皇の第6皇子で、第114代中御門《なかみかど》天皇の弟の直仁《なおひと》親王を初代当主として創設されました。徳川幕府6代将軍徳川家宣の時代です。

閑院宮家からは第119代光格天皇が現れ、今上陛下まで直系でつながっていることは既に述べたとおりです。

1947年の皇籍離脱時（皇籍離脱については後で詳述します）に当主だった春仁《はるひと》王に男子がなく、1988年（昭和63年）、春仁王の死去とともに廃絶しました。

閑院宮家創設には新井白石が関係しています。第111代後西天皇が有栖川宮家から天皇になり、宮家が手薄になってしまいました。皇統の断絶を危惧した新井白石が徳川将軍家の御三家と同じように、朝廷にも後継者を補完する新たな宮家が必要と将軍徳川家宣に建言したのです。その意味では、閑院宮家は新井白石によって創設された宮家といえます。

以上、四親王家について簡単に説明しました。

伏見宮家、桂宮家、有栖川宮家、閑院宮家、これら4家から天皇になった例は、伏見宮家からの後花園天皇、有栖川宮家からの後西天皇、閑院宮家からの光格天皇の3例だけです。

長い皇統の歴史の中で宮家から天皇になったのはわずか3例というのは、少し意外な気がするかもしれませんが、世襲親王家のおかげで皇統の危機は回避できたのです。世襲親王家が存在したことが皇統をつなぐうえでいかに重要な役割であったかは改めて言うまでもありません。

## 幕末から明治は「宮家創設ラッシュ時代」

このように江戸時代には4つの宮家が存在していましたが、幕末から明治にかけて宮家が次々と創設されました。いわば「宮家創設ラッシュ時代」で、終戦までは四親王家を含めて実に11を数える宮家が存在していました。

明治時代に次々と宮家が創設された大きな理由は、明治天皇に男子が少なかったことが考えられます。事実、明治天皇の４人の皇女を嫁すことで４つの宮家が創設されています。

明治時代に宮家が創設されたことは理解できますが、なぜ幕末にも多くの宮家が創設されたのかはよくわかりません。

戦前に存在していた11の宮家の多くは伏見宮家の分家、あるいはそのまた分家で、11の宮家に期待された大きな役割は、言うまでもなく安定的な皇位継承でした。

以下、幕末以降に創設された宮家を簡単に紹介しておきます。

### 山階宮家《やましなのみや》

山階宮家は１８６４年（元治元年）の創設。伏見宮家20代当主の邦家《くにいえ》親王の第１王子の晃《あきら》親王が還俗して初代当主になりました。

戦後間もない１９４７年（昭和22年）の皇籍離脱時に当主だった武彦《たけひこ》王には男子がなく、武彦王の逝去をもって１９８７年に断絶となりました。

**北白川宮家《きたしらかわのみや》**

北白川宮家は1868年（慶応4年、明治元年）の創設。伏見宮家の邦家親王の第2王子、嘉言《よしひこ》親王が還俗し初代になりました。

皇籍離脱時に当主だった道久《みちひさ》王に男子がなく、2018年（平成30年）その逝去をもって断絶となりました。

**梨本宮家《なしもとのみや》**

梨本宮家は1871年（明治4年）の創設。伏見宮家19代貞敬《さだよし》親王の第10王子、守脩《もりおさ》親王が還俗して初代になりました。

皇籍離脱時に当主だった守正《もりまさ》王に男子がなく、1951年（昭和26年）その逝去によって断絶となりました。

**久邇宮家《くにのみや》**

久邇宮家は1875年（明治8年）の創設。伏見宮家の邦家親王の第4王子、朝彦《ともよし》親王が初代になりました。

久邇宮家は昭和天皇の后である香淳《こうじゅん》皇后の実家です。したがって現在の上皇陛下、今上陛下およびその直系子孫（秋篠宮皇嗣殿下、悠仁親王殿下）も久邇宮家の血筋を引いています。

秋篠宮皇嗣殿下の赤ちゃん時代は香淳皇后にそっくり、現在の悠仁親王、佳子《かこ》内親王も香淳皇后の面影が色濃く見られます。

秋篠宮皇嗣殿下は年々昭和天皇の面影が濃くなり、悠仁親王も今、若い頃の昭和天皇にびっくりするほど似ておられます。

それればかりか、悠仁親王は上皇陛下の妹の島津貴子《たかこ》さんの若い頃にそっくり、佳子内親王は上皇陛下の姉の東久邇成子《ひがしくにしげこ》さんの若い頃にそっくり。

秋篠宮皇嗣殿下が上皇陛下の子でないというデマは簡単に打ち消すことができます。

久邇宮家は3代当主の朝融《あさあきら》王の代で皇籍を離脱。現在は朝融王の長男の邦昭《くにあき》氏が4代当主となっています。

## 華頂宮《かちょうのみや》家

華頂宮家は1889年（明治22年）の創設。初代当主は伏見宮邦家親王の第12王子の博《ひろ》経《つね》親王。1924（大正3年）4代当主博忠《ひろただ》王が22歳で独身のまま逝去したため断絶しました。

### 賀陽宮家《かやのみや》

賀陽宮家は1900年（明治33年）の創設。初代当主は久邇宮家初代朝彦親王の第2王子である邦憲《くにのり》王。

1947年（昭和22年）、2代当主の恒憲《つねのり》王の代で皇籍を離脱。現在の当主は、恒憲王の孫にあたる正憲《まさのり》氏で5代目にあたります。

### 東伏見宮家《ひがしふしみのみや》

東伏見宮家は1903年（明治36年）の創設。伏見宮邦家親王の第17王子、依仁《よりひと》親王が初代当主。1922年（大正11年）、依仁親王に男子がいないまま逝去したため断絶しました。1947年の皇籍離脱まで依仁親王の夫人周子《かねこ》氏が家を継ぎました。

### 竹田宮家《たけだのみや》

竹田宮家は1906年（明治39年）の創設。北白川宮家2代当主の能久《よしひさ》親王の第1王子、恒久《つねひさ》王が初代当主。

恒久王の妃は明治天皇の第6皇女の昌子《まさこ》内親王。現在、作家として活躍している竹田恒《つね》泰《やす》氏が「明治天皇の玄孫《やしゃご》」と言われるのはこのためです。明治天皇の皇女が宮家に嫁いだだけなので、恒泰氏も皇統の男系男子の一人です。女系ではありません。

### 朝香宮家《あさかのみや》

朝香宮家は、竹田宮家と同じく1906年の創設。久邇宮初代朝彦親王の第8王子、鳩《やす》彦《ひこ》王が初代当主。鳩彦王の妃は明治天皇の第8皇女、允子《のぶこ》内親王。

現在の継承者は、鳩彦王の曾孫にあたる4代明彦氏ですが、男子がなく断絶の危機にあります。

### 東《ひがし》久邇宮家《くにのみや》

東久邇宮家も竹田宮家、朝香宮家と同じく1906年の創設。久邇宮家初代朝彦親王の第9王子、稔彦《なるひこ》王が初代当主。稔彦親王の妃は明治天皇の第9皇女聡子《としこ》内親王。昭和天皇の第1皇女成子内親王は稔彦親王の第1王子、盛厚《もりひろ》王（東久邇宮2代当主）に嫁いでいます。

東久邇宮家には現在、旧宮家のうち最も多くの若い男系男子がおられます。

以上が幕末以降に創設された宮家です。

## GHQが皇籍離脱を促した最終目的

前述した宮家のうち断絶してしまった宮家を除くと、終戦までは実に11の宮家が存在していました。

しかし日本の降伏によって戦争が終結、進駐してきたGHQは宮家に対して最大で9割の重税をかけるなどの方針を打ち出し、宮家を皇籍離脱に追い込みました。

宮家の大きな役割は男系男子による皇統維持のセーフティーネットです。

GHQは日本の国力を弱めれば戦勝国にとっての脅威が減ると考えました。戦前は天皇の名のもとに日本国民が力を結集していたので、その力を弱める方法を考えました。その具体的な一手段として宮家に重税を課し、皇籍からの離脱を促そうとしたのです。

宮家がなくなれば、皇位継承権を有する男系男子が減少し、次第に皇統の維持が困難になって、やがては日本から皇室がなくなる。

もっとも当初ＧＨＱは、皇室自体を廃絶しようともくろんでいたと私は推測しています。

ところが昭和天皇が戦後の混乱した日本国内を視察し、懸命に復興に励む国民を激励し、戦災者や戦没者遺族などを慰問することを目的とした全国巡幸を始めると、国民は昭和天皇の戦争責任を追及するどころか、各地で大歓迎をしたのはご承知のとおりです。

この全国巡幸を見れば、昭和天皇が国民に寄り添う気持ちをいかに強く持っておられたかは一目瞭然です。

ＧＨＱは皇室自体をいきなり廃止したら国民の反発は避けられないと感じたのでしょう。そこで、皇室自体はなくさないが、皇統維持のためのセーフティーネットである宮家を皇籍離脱させ、時間をかけて皇統をつぶそうという方針にしたのではないかと思います。

## 皇統の危機回避、即女性天皇・女系天皇は浅薄な発想

１９４７年（昭和22年）10月13日に開催された戦後初の皇族会議で、11の宮家の皇籍離脱が決定、翌14日に51名が皇籍を離脱しました。

離脱した宮家は、山階宮、久邇宮、朝香宮、竹田宮、伏見宮、東伏見宮、賀陽宮、梨本宮、東久邇宮、北白川宮、閑院宮でした。

しかしこれらの宮家の方々は、日本国憲法が施行された１９４７年５月３日から、皇籍離脱する10月14日までの５か月間、皇族であった。しかもそれは日本国憲法のお墨付きであったということが重要であると前出の百地章先生はおっしゃっています。

最近、皇統の危機が問題視されているのはご承知のとおりです。今上陛下のお子さまは愛子さまお一人。ならば皇室典範を改正して、女性天皇、女系天皇を認めてはどうかと主張する人たちがいます。

しかし、実在が確認されている天皇から数えても、１５００年の長きにわたって維持されてきた「皇位は男系男子によってのみ受け継がれる」という歴史の重みを考えれば、「女性天皇・女系天皇容認論」は目先のことにとらわれた浅薄な発想で、思慮に欠けていると言わざるを得ません。

「女性天皇・女系天皇容認論」を議論する前に、どうすれば男系男子による皇統が維持できるのかをまず考えるべきでしょう。

そのときに重要な役割を果たしていただける存在として、いま旧宮家の方々が注目されているのです。

## まずやるべきことは皇族の養子縁組の復活

戦後、皇籍を離脱した宮家のうち、すでに廃絶になっているのは、山階宮、梨本宮、北白川宮、閑院宮、東伏見宮の５宮家。廃絶が確定的なのは、伏見宮、朝香宮の２家。よって賀陽宮、久邇宮、東久邇宮、竹田宮の４家が現存する宮家となります。

途絶えてしまった宮家が数多く出た大きな要因は、明治以降に皇族の養子を禁止したからです。なぜ養子を禁止したかというと、当時皇族があまりに多くいらしたためです。しかし、いまは皇族方の人数は極めて少なく、しかも男子が少ない状況にあります。それで皇統の危機が叫ばれているわけです。

となれば、皇族方の人数を増やす方法を考えればよいだけのこと。その有効な方法が養子縁組の復活です。

今も存続している旧宮家のしかるべきお方にお願いして、養子として皇室に入っていただく。こうして皇族方の人数を増やせばよいのではないか……、こうした発想に行きつくのは、ごく自然なことでしょう。

幸いなことに旧4宮家には若い男系男子がおられます。2021年の段階で、賀陽宮家に2人、久邇宮家に1人、東久邇宮家に6人、竹田宮家に1人おられます。

竹田恒泰氏によると最近「旧宮家は出産ラッシュ」だそうです。ご本人も2人のお子さまをもうけており、第一子は女の子、昨年第二子が生まれたそうですが、性別は明らかにされていません。

## 連綿として続いている皇室と旧宮家の交流

衆議院議員の河野太郎氏は数年前「旧宮家は600年前に分かれたきりの方たち。そんな遠い方に今頃になって皇籍復帰していただくとはいかがなものか」という意味のことをブログに書きました。

私はそれを読んで、「河野さんは旧宮家についてほとんど何もご存じない」と思いました。

おそらく伏見宮家が1409年に創設されたことを指して「600年前に分かれたきり」と書いたのだと思いますが、私が述べてきたとおり、皇室と旧宮家は「分かれてそれきり」ではありません。

皇統の危機に際しては宮家から天皇を継ぐ方が現れるし、皇女が宮家に嫁ぐ、親王が宮家の初代となる、あるいは宮家を継ぐ。こうしたことが連綿と続いてきているのです。

今上陛下の祖母にあたる香淳皇后（昭和天皇の皇后）のように、宮家から天皇の后になるなど、宮家との間には常に血の交流がありました。

昭和天皇は11宮家が臣籍降下した際、いつ皇族として復帰してもよいよう心掛けるようにとおっしゃり、「菊栄親睦会」という皇族と旧宮家との交流の場をお作りになりました。最近では、２０１４年（平成26年）５月18日に「天皇陛下傘寿奉祝菊栄親睦会大会」が開かれました。このように数年ごとに皇族と旧宮家の方々が集まり、親交を保っておられます。

旧皇族は宮中祭祀に参加なさるほか、宮中で行なわれる新年祝賀の儀や園遊会にも招かれています。

明治天皇の皇女である北白川房子《ふさこ》さん、昭和天皇の皇女である池田厚子《あつこ》さんたちは伊勢神宮の祭主に就いてこられました。現在の祭主は、上皇陛下の第１皇女であり、今上陛下の妹である黒田清子《さやこ》さんが務めておられます。

ほかにも伊勢神宮の大宮司を久邇家、北白川家などが務めていますし、現在は久邇朝尊《あさたか》さんがその任に就いておられます。

ちなみに久邇朝尊さんの妹である晃子《あきこ》さんは、今上陛下の有力なお妃候補として女性誌にお名前が載るほどでした。

宮内庁の職員の中にも北白川祥子《さちこ》さん、賀陽正憲さん（今上陛下のご学友）たちがおられました。

このように、いまでも皇族方の身近には旧宮家の方々が多くおられ、皇室とは近しい関係を維持しています。

## なぜ養子候補とみられる方は沈黙を守るのか

いまでも存続している旧宮家の男系男子のどなたかが養子になって皇籍復帰していただくことは、皇統の危機を回避する方策として、きわめて現実的です。

私たち一般の国民にあてはめれば、親戚の家の男子と養子縁組するのと同じことなので、国民の理解も得やすいと思います。

後で詳しく述べますが、旧宮家の男系男子を養子として迎えるか旧宮家自体を皇籍復帰させるという案が、2021年に行われた、「天皇の退位等に関する皇室典範特例法案に対する附帯決議」に関する有識者会議の結論の一部に盛り込まれています。

ところが「旧宮家の男性の中には、すっかり庶民の自由な生活に慣れ、いまさら制約が多く自由が少ない皇籍に復帰するなんてと嫌がっている方がいる」と、まことしやかに言う人たちがいます。

しかし私に言わせれば、こうした主張は見当外れの勘繰りか、皇統の危機を助長させたい人たちが意図的に言っているとしか思えません。

つまり、徐々に皇室の継続を弱め、最終的には皇室を廃絶させたいと考えている人たちの下心が透けて見える「ためにする議論」ではないでしょうか。

養子候補とみられる方は自ら「皇籍に復帰する意志がある」などと言うわけにはいかないので、沈黙を守っておられるはずです。

もし、そのような意志を公にすれば、左翼などがその方のスキャンダル探しに躍起になって、「養子候補つぶし」に発展しかねません。

事実、こんなことがありました。数年前に旧皇族の伏見宮博明氏が『旧皇族の宗家・伏見宮家に生まれて――伏見博明オーラル・ヒストリー』（中央公論新社）という本を上梓しました。

　すると、すぐさま週刊誌は金銭にまつわるスキャンダルを載せました。ちょっと目立つ行動をすると、待っていたかのようにバッシングが始まるのです。

　何かを発言すれば、自分もいわれのないバッシングを受けかねない。そういう深慮のもと、養子候補の方々は沈黙を貫いておられるのだと思います。

　そうした態度をとり続けておられるのをいいことに、一部の人が意図的に「皇籍復帰を嫌がっている」と言っているだけのことで、いわば「難癖」にすぎません。


　旧宮家の皇籍復帰は皇族数の確保と安定的な皇位継承の解決につながり、旧宮家からの養子案は現実的な方策です。

　旧宮家の養子候補の方々は、自分の家の歴史、お役目を考えたなら、国民や政府からの要請さえあれば、必ずや覚悟を持って皇籍復帰されるはず。私はそう考えています。

　実際、要請があれば応ずる覚悟であるという方が何人かいらっしゃるということを耳にしています。

## 附帯決議にわからぬように盛り込まれた「女性宮家創設案」

単に皇族数を増やしたいというだけなら、たしかに女性宮家の創設という方法もあります。しかし、女性宮家の創設は女系天皇誕生につながる可能性が高く、男系男子によって受け継がれてきた皇統の破壊を招きます。

女性宮家の創設については、2012年（平成24年）、野田内閣ではじめて検討するという方針が出ました。

その前年の2011年に当時の宮内庁長官、羽毛田信吾氏が野田首相に面会して「皇族の減少が緊急性の高い課題」であると進言したことに始まります。

当時の野田首相は宮内庁の要請に応えるかたちで2月に有識者ヒアリングを開催し、同年10月に「皇室制度に関する有識者ヒアリングを踏まえた論点整理」を公表しました。

その中には「女性皇族が一般男性と婚姻後も皇族の身分を保持し得ることとする制度改正について検討を進めるべきである」とあり、実質的な「女性宮家の創設」が盛り込まれたのです。

しかし２０１２年12月末に首相に返り咲いた安倍晋三氏はその年のうちに、「論点整理」を白紙にする考えを示しました。年が明けた1月には「野田政権が検討を進めていた『女性宮家』の創設は慎重な対応が必要」などと国会で答弁し、その後、議論はストップしました。

女性天皇、女系天皇については、実は小泉政権時代から検討が続いていましたが、紀子さまのご懐妊により親王殿下が生まれるかもしれないと、安倍首相はその議論をストップさせ、実際、悠仁親王が生まれました。こうして女性天皇、女系天皇、女性宮家については議論から消えたのです。

ところが２０１７年（平成29年）、「天皇の退位等に関する皇室典範特例法案に対する附帯決議」に、再び「女性宮家」の名が登場します。附帯決議は以下のようなものです。

一　政府は、安定的な皇位継承を確保するための諸課題、女性宮家の創設等について、皇族方の御年齢からしても先延ばしすることはできない重要な課題であることに鑑み、本法施行後速やかに、皇族方の御事情等を踏まえ、全体として整合性が取れるよう検討を行い、その結果を、速やかに国会に報告すること。

二　一の報告を受けた場合においては、国会は、安定的な皇位継承を確保するための方策について、「立法府の総意」が取りまとめられるよう検討を行うものとすること。

三　政府は、本法施行に伴い元号を改める場合においては、改元に伴って国民生活に支障が生ずることがないようにするとともに、本法施行に関連するその他の各般の措置の実施に当たっては、広く国民の理解が得られるものとなるよう、万全の配慮を行うこと。

右決議する。

ここで私が不思議に思うのは、附帯決議の一に「安定的な皇位継承を確保するための諸課題、女性宮家の創設等」と並列的に書かれている点です。

安定的な皇位継承を確保するためなら、旧宮家の皇籍復帰か旧宮家から廃絶が決定している宮家へ養子を迎えることが何より現実的なことはすでに述べたとおりです。

それどころか、女性宮家は安定的な皇位継承にはならず、女性宮家からは女系天皇が現れ、ついには皇統が破壊されます。

　この附帯決議では「安定的な皇位継承」の確保と言っておきながら、それとは真逆の結果を招く「女性宮家の創設」を、注意して読まないとわからないようなかたちでわざわざ加えているのです。

　皇統の断絶、皇室を消滅させようとする企みが透けて見える、悪意に満ちた附帯決議であることは、もうおわかりでしょう。

　実はこの附帯決議のこの部分は野田氏が、天皇陛下の生前退位についての皇室典範の特例法案を国会で全会一致で通す際に、与党（官邸）に取引を迫り、付けさせることに成功したものでした。

　これは、天皇陛下がわざわざ特例法によって生前退位するというのであれば、代わりにこの条件を付けなければ法案を通してあげないと言っているように読み取れます。私は前々からそうではないかと思っていたのですが、やはりそうだったのです。

## 有識者会議、3つの報告

ともあれ、この附帯決議によって2021年3月16日に「天皇の退位等に関する皇室典範特例法案に対する附帯決議」に関する有識者会議の開催が決まりました。

有識者会議のメンバーは、以下の6人です。（敬称略、肩書は当時のもの）

大橋真由美　上智大学法学部教授
清家　篤　日本私立学校振興・共済事業団理事長、慶應義塾学事顧問
冨田哲郎　東日本旅客鉄道株式会社取締役会長
中江有里　女優・作家・歌手
細谷雄一　慶應義塾大学法学部教授
宮崎　緑　千葉商科大学教授・国際教養学部長

こうして3月から12月22日までに、清家氏を座長とする会議が13回開催されました。

その間に5回のヒアリングを実施。計21名から意見を聴取し、議論、調査、研究の結果を報告書にまとめました。

ヒアリングのメンバーは以下のとおりです。（敬称略、肩書は当時のもの）

**第2回会議時のヒアリング（令和3年4月8日）**

岩井克己　ジャーナリスト
笠原英彦　慶應義塾大学教授
櫻井よしこ　ジャーナリスト・公益財団法人国家基本問題研究所理事長
新田　均　皇學館大学教授
八木秀次　麗澤大学教授

**第3回会議時のヒアリング（令和3年4月21日）**

今谷　明　国際日本文化研究センター名誉教授
所　功　京都産業大学名誉教授
古川隆久　日本大学文理学部教授

本郷恵子　　東京大学史料編纂所所長

**第4回会議時のヒアリング（令和3年5月10日）**

岡部喜代子　元最高裁判所判事

大石　眞　京都大学名誉教授

宍戸常寿　東京大学教授

百地　章　国士舘大学特任教授

**第5回会議時のヒアリング（令和3年5月31日）**

君塚直隆　関東学院大学国際文化学部教授

曽根香奈子　公益社団法人日本青年会議所監事

橋本有生　早稲田大学法学学術院准教授

都倉武之　慶應義塾大学准教授

**第6回会議時のヒアリング（令和3年6月7日）**

綿矢りさ　　小説家
半井小絵　　気象予報士・女優
里中満智子　マンガ家
松本久史　　國學院大學教授

13回の会議、5回のヒアリングを経て、次のような事項が報告されました。

まず、皇位継承は秋篠宮悠仁親王殿下まではゆるがせにしないこと。そして安定的な皇位継承のための案として、次の3項目が報告されました。

①内親王・女王が婚姻後も皇族の身分を保持することとすること
②皇族には認められていない養子縁組を可能とし、皇統に属する男系の男子を皇族とすること
③皇統に属する男系の男子を法律により直接皇族とすること（旧宮家の皇籍復帰）

まず①の案が皇統の破壊につながることは既に述べたとおりです。附帯決議に安定的な

皇位継承の例としてわざわざ加えているほどなので廃案にならず、残念ながら一番最初の案として残ってしまいました。

②の案は、現在断絶が決定している宮家（常陸宮家、三笠宮家、高円宮家）に皇統に属する男系男子（旧宮家の男系男子）を養子に迎え、その方の次の世代の男子から「生まれながらの皇族」とし、皇位継承権を与えようとするものと理解できるので、極めて現実的な案です。

皇族に養子が認められていない理由は、明治の頃、皇族が多すぎたため禁止したという経緯があることはすでに述べたとおりですが、今は皇族数が足りないので、養子縁組をぜひ可能にすべきです。

③の案は、②の養子案が成立しなかった場合の補助的な案とされていますが、実は一番有効な案だと私は受け止めています。

皇統に属する男系の男子を法律により直接皇族とすれば、安定的な皇位継承も皇族数の確保の問題も同時に解決できるからです。

ただ、なぜ3番目の提案になっているかというと、旧宮家自体を皇籍復帰させることはかなりの大事業になるので、補助的な案とされたのではないかと好意的に解釈しておきます。

## 有識者会議の結論にまともな反応を示したのは維新だけ

有識者会議のヒアリングにおける「女性皇族が婚姻後も皇族としての身分を保持する」件についての具体的な回答を見てみると、皇統護持派と皇統破壊派、そして、まだ意見が固まっていない人の3グループにはっきりと分かれていることがわかります。

皇統維持派は櫻井、新田、里中、松本、曽根、百地、半井、八木の各氏で、ほぼ私と同意見です。

皇統破壊派は、女性宮家の必要性を強調する今谷氏。女性天皇、女系天皇を実現可能とするために女性皇族が婚姻後も皇族の身分を保持すべきと言う大石氏、岡部氏。女性にも皇位継承権を認め、女性皇族の夫や子も皇族にという意見が君塚氏です。

特に君塚氏は、別の質問で「愛子さまを天皇に」とも言っています。君塚氏は、旧宮家からの養子案にも旧宮家の皇籍復帰にも反対しているので、筋金入りの皇統破壊派でしょう。

ほかの意見としては、「かつて女性天皇がいた」（宍戸氏、橋本氏）、「男系男子で継承はいずれ行き詰まるので、これは過渡期的なものにすべき」（古川氏）、「女性皇族は婚姻後もその身分を保持」（都倉氏、本郷氏）などの意見が見られます。

たしかに歴史上に女性天皇は存在しましたが、一代限りの「中継ぎ」で、その子が皇位を継いだ例はありません。系図を遡るなどして、必ず男系男子のしかるべき人物に皇位を譲っています。

一時的な緊急避難として女性天皇や女系天皇、女性皇族の婚姻後の身分保障を認めようという意見もありますが、どれも万世一系で守られてきた皇統を途絶えさせることになるので、到底受け入れられるものではありません。

これらの意見を述べた方々は、皇統を維持するということにどれほど重要な意味があるのか、まったく理解していないように思います。

有識者会議の結論はすぐに国会に提出されましたが、しばらく放置され、２０２３年５月、岸田内閣のもと、ようやく議論されるようになりました。

各党の結論は以下のとおりです。

| | １女性皇族が婚姻後も皇族の身分を保持 | ２旧宮家からの養子案 |
|---|---|---|
| 自民 | 賛成 | 賛成 |
| 公明 | 賛成 | 賛成 |
| 国民民主 | 賛成 | 賛成 |
| 維新 | 懸念あり | 賛成 |
| 立民 | 党内で賛否 | 党内で賛否 |
| 共産 | 女性天皇、女系天皇のいずれにも賛成 | |

こうして見ると維新が一番まともであり、１案に対し、まるで何も考えず賛成しているかのような自民、公明、国民民主に危機感を覚えます。この案が皇統破壊につながること

に気がつかないのか、知っていて賛成しているのかがわかりません。

また共産党は2004年（平成16）、党の綱領から「君主制の廃止」を削除したと言い、これまで国民の反感を買っていた「天皇制反対」から一転して立場をまったく逆に変えたかのように見せかけています。

しかし、このように現代の女性天皇にも女系天皇にも賛成するということは皇統破壊を望んでいることを意味し、依然として天皇制に反対していることがわかります。

## 「そうか、世論が重要なのか」――私がツイッターを始めたわけ

2018年（平成30年）5月のことです。衛藤晟一参議院議員から皇統問題についての勉強会を議員会館で行ってほしいと、講師を要請されたことがありました。

その打ち合わせの際、稲田朋美衆議院議員も同席していました。私が「国民の声が高まれば、旧宮家の皇籍復帰は可能ですか」と質問してみたところ、稲田議員は「国民の声さえ高まれば可能です」と答えてくれました。そのとき私は、「そうか、世論がそんなにも力を持つのか」と、背中を押してもらったような感覚を覚えました。ならば世論を高めよ

う。これが私がツイッター（現在のX）を始めたきっかけでした。

以来、私はSNSで皇統問題の基礎知識を広く知ってもらい、皇統破壊につながる間違った認識をただす情報を発信することに力を注いでいます。

とくに先の有識者会議が開かれていた2021年3月から11月までの毎週土曜の午後9時から11時まで、私はツイデモ（ツイッター上でのデモ）を主催しました。

「女性宮家創設反対」と「旧宮家の皇籍復帰」を2大ハッシュタグにして、ときには「女系天皇は皇統の終わり」「K殿下断固阻止」なども使用し、皇統を破壊しようとする勢力から皇統を守るための理論武装の普及に努めました。幸いにも多くの人に関心を持っていただき、ほぼ毎回トレンド入りしました。

余談ですが、先の勉強会では古屋圭司衆議院議員も稲田衆議院議員と同様の熱心さで臨んでいましたが、古屋議員と稲田議員は、後にLGBT理解増進法案成立の際に中心的な役割を果たしました。

そのとき、このお2人は男系男子による皇統の継承に熱心なのに、社会の分断と最終的には皇統の破壊につながるＬＧＢＴ法案という、まったく逆方向の問題にも熱心になれることに驚いたのを鮮明に覚えています。政治家の思考回路は特殊です。

## 「門地による差別は憲法違反」に飛びついた人

有識者会議の結論はいくつかの問題点を残しました。

１つは既にその危険性を述べた、「皇族女性が婚姻後も皇族の身分を保持する」という結論です。これは女性宮家と同じ危険性をはらんでいます。

女性皇族が皇族の身分を保持しつつ一般男性と婚姻した場合、たとえば男性が「佐藤さん」なら、生まれた子は性別に関係なく、佐藤家の子。しかもその子にも皇族の身分を与えるとなると、即位する可能性が生じ、その天皇は女系天皇です。もはや皇室の方ではなく、皇統は滅び、佐藤王朝の始まりとなります。日本は世界で最も歴史の浅い王朝しか持たない国に成り下がります。

したがって女性宮家と同様、皇統の維持という点では、採用してはいけない案なのです。

また、旧宮家の皇籍復帰は「門地による差別を禁ずる憲法14条に反する」との意見が有識者会議のヒアリングの際に出されました。「門地」とは「いえがら」のことです。

これについて、私はいったい何のことを言っているのかなかなか理解できませんでした。

旧宮家の皇籍復帰は、かつて皇族だったが、GHQによって臣籍降下させられた方々をもとに戻すことです。そこに「門地」を云々する余地は存在しないだろう。だから、理解できなかったのです。

しかし、時間をかけてようやく「門地」を問題視した意図がわかりました。要は、「いえがら」で人を差別するなということですが、この場合は「それがよいほうにであっても、差別してはいけない」ということだったのです。

つまり、旧宮家の方々を昔は皇族だったという理由でエコひいきしたり、また皇族に戻すというのは彼らを特別扱いすることだ。それは憲法に反するという意味らしいのです。

憲法学者の百地章先生はこの件について、「旧皇族は純然たる国民と言えるのかどうか疑問。現在、皇統の危機にあって、旧皇族の男系男子の方々は潜在的に皇位継承権を持っておられる。その意味で一般国民とは異なる立場にあり、特別扱いされてもよい」との見解を述べています。

内閣府でも2023年11月15日、木村陽一第1部長は「皇統に属する一般国民から男系男子を皇族とすることは、門地による差別を禁じた憲法14条に抵触しない」との見解を発表しました。

この門地による差別問題は、宍戸常寿東大教授、大石眞京大名誉教授が、2021年5月10日に開催された有識者会議のヒアリングで指摘したのですが、それを知った高森明勅氏という皇室破壊の女系天皇論者が重要な指摘だと飛びつきました。門地による差別問題とは、要は皇統を破壊したい人が喜ぶ「いちゃもん」の類だったのだろうと思います。

## 国連の皇室典範改正勧告は大きなお世話

本章を閉じるにあたって、国連も皇室の危機をあおっていることを1つ加えておきます。

２０２４年10月19日、国連の女子差別撤廃委員会は日本に対して、男系男子による皇位継承を定めた皇室典範は、女性差別撤廃条約と相いれないものであり、女子差別に当たるので、これを改正するようにと勧告しました。このニュースを見て私は「またか」と思いました。

というのは、女子差別撤廃委員会は２０１６年にも開かれおり、皇室典範は女子差別に当たるとしていました。その時は日本政府が抗議し、その文言は削除されました。新型コロナウイルス感染症の流行もあって、中断されていた女子差別撤廃委員会が８年ぶりに開かれ、また皇室典範が俎上に載せられたという経緯があるからです。

今回の勧告の前の10月14日、「皇統を守る国民連合の会」の葛城奈海会長はスイスのジュネーブで開かれた同委員会の会合で、天皇は祭祀王であること、ローマ教皇やイスラムの聖職者もチベット仏教の最高指導者ダライ・ラマ法皇も皆男性なのに、国連は女性差別とは言わない。なぜ日本だけなのか。世界にはさまざまな民族や信仰があり、それぞれ尊重されるべきだ。当然、天皇が男系男子で継承されることも尊重されるべきであり、皇室典範の改正勧告は内政干渉だと主張しました。

葛城会長は、日本民族の問題であることを理解させるためにわざわざ和服で出席。しかし、葛城会長に与えられた時間はわずかに35秒。削りに削って早口でこのようにスピーチをしたそうです。

しかし、葛城会長が男系男子による皇位継承の正当性を訴えたにもかかわらず、こうした勧告が出てしまった。これを見ても、国連には男系男子による皇位継承を何とかして途絶えさせたいという強い意志があるとわかります（私は「皇統を守る国民連合の会」の呼びかけ人の1人です）。

この勧告に対してはさすがに政府も黙ってはいませんでした。

林芳正官房長官が「皇位継承のあり方は、国家の基本に関わる事項であり、女性に対する差別の撤廃を目的とする女子差別撤廃条約の趣旨に照らして、委員会が、わが国の皇室典範について取り上げることは適当ではない」との見解を発表。岩屋毅外務大臣は記者会見で「委員会側に対して、重ねて抗議をするとともに、削除の申入れを行った」と述べました。

外務省でも北村俊博外務報道官が、「皇位につく資格は基本的人権に含まれていないことから、皇位継承の資格が男系男子に限定されていることは、女子に対する差別には該当しない。皇位継承のあり方は国家の基本に関わる事項で、委員会で皇室典範を取り上げることは適当ではない」ときっぱり否定しました。

しかし、なぜ国連は皇室典範を改正させたがるのでしょうか。コロナ禍を挟んで8年ぶりに再開された委員会で、再び皇室典範改正を求めるのには何か意図があると考えるのが自然です。結論を言ってしまえば、国連は日本の天皇制を終息させるために皇室つぶしを狙っているのです。

日本人の多くは、国連は平和のための国際機関と思っていますが、英語での正式名称は「The United Nations」。第二次世界大戦での戦勝国連合のことです。日本政府はあえて「国際連合」と誤訳したという説さえあります。

国連が戦勝国連合であることは常任理事国に名を連ねる国を見れば明らかです。中国、フランス、ロシア、イギリス、アメリカの5か国は、概ね第二次世界大戦の戦勝国で、安全保障理事会で議案を拒否する「拒否権」を有しています。

つまり、国連は戦勝国連合で、世界から国境をなくしたいグローバリストだから、やはり日本の皇室をつぶしたい。だから皇室典範見直しをしつこく促している、という構図です。

女子差別撤廃条約は1979年に国連で採択され、日本は1985年に批准しています。ここがちょっと弱みと言えば弱みです。

葛城会長は産経新聞の取材に対して「毅然と国家の基本を継承していく姿勢を貫くべき。勧告はスルーして構わない」と語っています。

私は女性差別がなくなることに異を唱える者ではありませんが、私もこの国連勧告は明らかに内政干渉で、とんでもなく筋違いの話だと考えています。

勧告に強制力はないので、慌てる必要はまったくなく、葛城会長が言うように胸を張ってスルーしてしまえばよいのです。

隣の家のことに口出しするのはルール違反です。仮に口出しされても、「うちにはうちのやり方がある。大きなお世話」と無視すればいいだけです。

国連は、百歩譲って世界の平和を考えていればいいところ。国の文化や歴史、伝統にまで踏み込むのは明らかに越権行為なのです。

# 第4章

# 秋篠宮家バッシングについて考える

## これまでにもあった皇室バッシング

皇室をめぐる話題で、現在、私がもっとも心を痛めているのは、週刊誌やネットを中心に広まっている秋篠宮家を貶める報道やコメント、いわゆる秋篠宮バッシングです。

これまでにも皇室を貶める報道やコメントはありました。美智子《みちこ》上皇后が心ないマスコミ報道にお心を痛め、一時失声なさったこともありましたし、平成時代には雅子《まさこ》皇后がバッシングの対象になり、体調を崩し、現在も回復途上であることは改めて言う必要はないでしょう。

最近では、秋篠宮紀子《きこ》妃殿下がバッシングの対象になり、2024年9月、58歳の誕生日に際し、その心情を文書で以下のように述べておられます。

「ネット上でのバッシングによって、辛い思いをしている人が多くいるのではないかと案じています」

と国民に心を寄せつつ、

「私たち家族がこうした状況に直面したときには、心穏やかに過ごすことが難しく、思い悩むことがあります」

心穏やかでない心情を吐露なさり、まことにお気の毒としか言いようがありません。

## 秋篠宮バッシングの本丸は反日外国左翼勢力

こうして見ると、皇室では、一般家庭の「嫁」の立場の女性たちがバッシングの対象となることが多いように思えるかもしれませんが、秋篠宮家のバッシングはこれまでのものとは明らかに一線を画します。

紀子妃殿下だけにとどまらず、秋篠宮家に関わるさまざまな物事がその対象になっていて、それらが事実に対する批判であれば仕方ないですが、捏造してバッシングするというものなのです。

それがこの数年間、週刊誌によってはほぼ毎週、何人ものユーチューバーや数えきれないほどの、おそらくお金で雇われた工作員がX（旧ツイッター）やヤフーニュースのコメント欄などで毎日、情報戦を展開している。それがこれまでの皇室バッシングと異なっているのです。

実際、秋篠宮家を貶めるためにネット上での書き込みや動画制作に対し、一件につきいくらと設定したアルバイトの募集広告をいくつも見たことがあります。

結論から言ってしまうと、私は秋篠宮家を貶めることに血道をあげている本丸は、共産主義者、グローバル勢力、リベラル勢力、一言で言えば反日外国左翼勢力だとにらんでいます。

なぜバッシングが秋篠宮家にばかり集中しているのか。本章では、秋篠宮家バッシングの内容を紹介しつつ、私の考えを展開してみたいと思います。

## 「君主制の廃止」を「天皇の制度」に改めた日本共産党

日本共産党は、2019年、「天皇の制度と日本共産党の立場」と題した志位和夫委員長（当時）へのインタビューの中で、2004年に「君主制の廃止」を党の綱領から削除し、代わりに「天皇の制度」と改訂したと言っています。

これは戦前の「絶対主義的天皇制」とは違う、戦後の天皇を意味するためだと言いますが、詭弁としか言いようがありません。

なぜなら、その一方で党の見解として女性天皇にも女系天皇にも賛成しているからです。

これまで説明してきたように、女性天皇も女系天皇も皇統の断絶を招き、やがては皇室の消滅につながる危険な発想です。

日本共産党は党の綱領から「君主制の廃止」を削除し、「天皇の制度」に改めたと言いつつも、女性天皇にも女系天皇にも賛成しているので、日本を天皇のいない国にしようとしているのは火を見るより明らかです。

もっと言えば、天皇制の廃止が字面からは読み取れないように、あえて「天皇の制度」という平板な表現に置き換えたところに悪意さえ感じます。

もし「天皇制反対」や「皇室の排除」などと言えば、多くの日本国民の反感を買うからです。国民の反感を買えば、選挙に勝てません。だから本心を読み取られないように「天皇の制度」という平板な言葉に改めたのです。

その代わりに女性天皇や女系天皇に賛成して、あたかも皇室を思いやるポーズをとっている。国民を馬鹿にした姑息なやり方以外の何物でもありません。

## ネットコメントは無責任でいい加減

秋篠宮家バッシングの典型的なパターンの1つに、秋篠宮家は祭祀も公務もサボっている、地方へ行ったときなどは名産品などをおねだりしているなどがあります。

しかし、秋篠宮家が公務や祭祀をサボることなどあり得ないのは宮内庁のホームページを見れば明らかです。ご成婚以来、公務依頼がひっきりなしに届き、それらを完璧にこなされるだけでなく、祭祀も全出席。

紀子さまは皇室に入る際、「皇室とは」と問われ、「無私の心と存じます」とその本質を答えられ、「皇室で最も大切なこととは」には「祭祀」であると、これまた正しくお答えになっています。

海外訪問の前後にはきちんと武蔵野陵や皇居の賢所に参拝されています。代拝で済ませるなどということもありません。

これらは皇室を20～30年間見ている人には常識ですが、ここ数年急に皇室に関心を持ち、洪水のような秋篠宮家貶めのプロパガンダに晒された人にはウソととらえられてしまうのかもしれません。

紀子さまが地方へ行かれたとき、道の駅でブドウを箱ごと強奪したという、なんで紀子さまがそんなことをする必要があるのかと首をかしげたくなるネットのコメントもありました。

この「紀子さまブドウ箱ごと強奪事件（？）」は、最初、女性誌に写真が載ったのですが、その写真にはっきりと「お買い上げ」とキャプションがついているにもかかわらず、わざわざその部分を削り、「強奪」したことにしています。もう笑うしかありません。

悪意を感じるネットのコメント（2022年6月27日の日付あり。この日にアップしたようです）の見出しには、「紀子さま強奪のブドウは悠仁さまスパルタ登山のご褒美だった！　通報しようとする青果店店員を宮内庁職員が必死に制止」とあります。

それに続く本文では、「〝これ一つ頂いておくわ〟とだけ仰られ、そのまま箱ごと持ち去ってしまわれたのです。さらに、悠仁さまも、〝自分もついでに〟と言わんばかりの様子で、一房手にされ、紀子さまと共にブドウを持ち去られてしまいました（前出の秋篠宮家関係者）」とまで書いてあります。

これでは皇族がその特権をかさに泥棒行為を働き、息子も泥棒の見習いをしたことになってしまいます。

それにそもそも秋篠宮家関係者って誰でしょう。職員なら守秘義務があり、ぺらぺらしゃべることはできません。

皇族が反論するとか、名誉棄損で訴えることができないのをいいことに、まさに集団でいじめがなされているのです。


見出しには下線があったので、そこをクリックしてみると、「このサイトにアクセスできません」と出てきます。

おそらく既に元ネタは削除されたのでしょう。こんなところに「言いっぱなし」の無責任さといい加減さが表れています。

こんなコメントを本気にして面白がる人がいることは、本当に困ったことです。

## まだまだある秋篠宮家バッシング

もう少し秋篠宮家について捏造された話を続けます。本当だと信じている方が結構いますので。

紀子さまがブドウを強奪したという話に近いのは、紀子さまが皇室の宝物をメトロポリタン美術館に売り払っているというもの。

あくまで紀子さまを犯罪者に仕立て上げたいようです。メトロポリタン美術館というのは、一時期眞子さまがこの美術館でボランティアとして働いていたということから、妄想を働かせ、このようなストーリーをつくりあげたのではないでしょうか。

紀子さまについてとても悪質な記事が2024年3月24日配信の「NEWSポストセブン」に載りました。

それは3月8日、天皇皇后両陛下が公賓として来日したブルネイ皇太子夫妻と皇居・宮殿で会見され、その後、午餐を催されたとき、紀子さまが雅子さまの着物に色被りをしたというものです。

どちらも淡いピンク色で、身位の下の者は上の者に色やデザインが被らないように決めていくというのに、紀子さまは雅子さまに色を被せたと主張しているのです。

実は、紀子さまはこれまで衣装被りをされたことは幾度となくありますが、ご自分から他の方に衣装を被せたことは一度もありません。そんな下品な真似、嫌がらせをする必要がどこにあるのでしょうか。女性誌の編集部なら知っていることです。それなのに衣装被りの犯人に仕立てあげるとは、どこまで紀子さまをいじめたら気がすむのでしょう。


悠仁さまに知的障害や聴覚障害があるというデマもあります。それらの障害があれば天皇にふさわしくないから辞退せよとでも言いたいのでしょうが、悠仁さまがそうではないことはご様子を見れば明らかです。

また仮に悠仁さまに知的障害や聴覚障害があったとしたら、ご両親は支援学級などに通わせ、本人に合った療育をなさっているはずです。無理に普通学級に通わせることは児童虐待にあたり、厳しい批判を受けることになります。

秋篠宮皇嗣殿下が上皇陛下の子ではないというデマもあります。つまり正統な皇位継承者ではないから、皇位を秋篠宮家に移すなと言いたいのでしょう。

この件は既に述べたように、秋篠宮殿下が赤ちゃん時代に香淳皇后にそっくりであったこと、年をとられるにつれ、昭和天皇の面影が現れてくること、眞子さまにも、悠仁さまにも香淳皇后と上皇陛下の妹の島津貴子さんの面影が色濃く残ること、佳子さまが上皇陛下の姉の東久邇成子さんの若い頃にそっくりであることなどから否定できます。

## 秋篠宮邸増築のうち私邸部分はわずか5%

「新しい秋篠宮邸は贅の限りを尽くしている」というネット配信の記事を目にしたこともあります。

一例を挙げれば、2022年10月13日に『PRESIDENT Online』が配信した記事のタイトルは、「総額は40億円以上…天皇家より広くて高額な秋篠宮邸に現代のベルサイユ宮殿というコメントがつく理由」というものです。

この記事自体は2020年3月にスタートした秋篠宮邸改修について書かれた記事の紹

介ですが、わざわざタイトルに「天皇家より広くて高額な秋篠宮邸に現代のベルサイユ宮殿というコメントがつく理由」などとする必要があるのでしょうか。

『PRESIDENT』は1963年創刊、経営者や経営幹部をターゲットにした歴史のある雑誌です。そのオンライン版がこのようなタイトルをつければ、それを読んだ人にどのような影響を与えるか。秋篠宮家を貶めるのに一役買っているようなものです。

秋篠宮邸改修についてのマスコミ論調は、当初総工費は33億円と報じられていたものは改修工事中の仮の住まいで、のちに貯蔵庫と職員の事務室として使われることになる御仮寓所の新築費用9億8000万円が加わり、合計40億円以上になる。天皇ご一家がお住まいの御所の改修費約8億7000万円にくらべると、いかにも費用をかけすぎというものです。

しかし、秋篠宮皇嗣殿下はできるだけ費用を抑えることと、旧秋篠宮邸は旧秩父宮邸を改修したものだが、もともとの設計は吉田五十六という名建築家によるものなので、その保全につとめることという2つの条件を出し、その結果が33億円であったのです。

出来上がった新秋篠宮邸を見ても、実に簡素で、ベルサイユ宮殿のゴテゴテとした装飾はどこにもありません。

また秋篠宮殿下は皇嗣になられたのですから、そのお立場上、国内外の賓客をお迎えする機会も増えたでしょう。特に海外の公賓をお迎えする場合、失礼のないように外装、内装、諸設備にある程度の贅を尽くすのは当然です。

皇嗣となって職員の数も増えたので、その設備も必要になります。それらを考慮すれば、すでに設備が整っている今上陛下のお住まいの改修費と比較すること自体が的外れ。秋篠宮邸の拡張は当然なのです。

しかも増築面積のうち、私室部分が占めるのはわずか5％。佳子さまのお部屋に至っては、いつか降嫁なさることを考慮なさり、おつくりにはならなかった。それほどご遠慮なさっています（この件をマスコミは親子の仲が悪いから佳子さまは別居しているだとか、佳子さまは皇室を一刻も早く出たがっているなどという邪推に結びつけています）。

私は、秋篠宮さまご一家のこうしたご遠慮に、むしろ誠実さを感じるのです。

## 正規のルールに従った悠仁さまの高校進学

秋篠宮悠仁さまが高校に進学する際、「筑波大学附属高校に裏口入学した」というバッシングがありました。

しかしちょっと調べれば、これも笑うしかない「ためにする」バッシングということがすぐにわかります。

悠仁さまはお茶の水女子大学附属中学校に通っておられました。お茶の水女子大学附属中学校と筑波大学附属高校の間には提携校進学制度があり、進学に際して生徒を交換する関係にあります。

悠仁さまは推薦の条件である「学業成績を十分に満たしている」と判断され、筑波大学附属高等学校に合格なさいました。

推薦の条件に達しているかどうかの判断に際しては、一般受験生とともに5教科の学力検査を受験なさり、その結果、推薦が確定したそうです。

悠仁さまは十分優秀な成績であるため、その対象になったとお茶の水女子大学附属中学校の校長が証言しています。

提携校進学制度があまり知られていないため、「筑波大学附属高校に裏口入学」という記事を読めば、一般国民は「やはり」と早合点してしまうかもしれません。

しかしこの制度は2017年に始まり、現在も続いているので、決して悠仁さまだけを特別扱いしているわけではなく、ましてや悠仁さまのために作った制度でもありません。

お茶の水女子大学と筑波大学（元、東京教育大学）はそれぞれの前身が、東京女子師範学校と東京高等師範学校と、師範学校同士なので、お茶の水女子大学附属中学校と筑波大学附属高校が提携校であることはごく自然なこと。学校自体も隣同士に存在します。

「悠仁さま、高校裏口入学」の噂を流した人には、「特別扱い→国民からかけ離れた存在→皇室への悪印象」という流れをつくりたいという魂胆があったに違いありません。

ちなみに、筑波大学附属高校の入学の際、裏口入学だろうという誹謗中傷があまりにひどかったため、まだ15歳の少年の心はどれほど傷つけられているだろうか、インタビューのとき、精神的に参っているような気配が見られはしないだろうかと私はヒヤヒヤしていました。

ところが悠仁さまは泰然自若。それどころか、筑波大学附属高校に制服がないことを知らない女性記者がスーツ姿の悠仁さまに「それは制服ですか?」と質問すると、「あっ、スーツなので」と完璧な返事をなさったのです。

「いいえ、制服ではありません」と言ったなら、相手を否定し、恥をかかせることになる。そこでさりげなく、「スーツなので」と対応されたのです。

世間の誹謗中傷に動ずることのなさからは、悠仁さまは一般人とはお覚悟が違うということがよくわかります。記者に対する皇族としての完璧な答え方からは大変な聡明さがうかがえました。特に後者については紀子妃譲りではないかと、皇室を長く見てきた私は感じます。

## 同級生が悠仁さまバッシングをXで否定

2024年12月11日、悠仁さまが筑波大学生命環境学群の生物学類に合格されたことが発表されました。

11月28日、29日と学校推薦型選抜の入学試験を受けられ、小論文と面接などを経て合格が決まったのです。

産経新聞によれば、推薦要件は「学習成績概評Aランク（評定平均5・0～4・3）、または筑波大の一般選抜に合格できる程度以上の学力を有する者」のほか、自主研究や科学オリンピックにおける実績など、複数が設定されており、いずれかを満たす必要がある、とのこと。

しかし、悠仁さまの成績がひどく悪いとか、授業中に先生に対し反抗的な態度をとるとか、秋篠宮家が東大に多額の寄付をしたとか、東大農学部が改修工事をしているのは悠仁さまのためだとか、相変わらずデマが横行し、悠仁さまの東大進学反対の署名活動が展開されるなど、おかしな動きがありました。

この署名活動は「赤門ネットワーク」なる団体が主催し、1万2000筆の署名を集めましたが、その背後に中国共産党の影がちらつくとのことです。悠仁さまの成績が悪い、先生に対する態度が悪いことなどは、同級生がXで学生証まで提示して反論しています。

また筑波大学の教職員の大半が、悠仁さまの受け入れに反対しているというデマも流されましたが、筑波大学システム情報系准教授の掛谷英紀先生がXで否定しています。やりたい研究のある者は大学を偏差値では選ばない。その研究のできる大学、師事したい先生のいる大学を選ぶ。結果として東大になることもあるかもしれないが、東大はおそらく違うだろうと、私は予想していました。

思えば悠仁さまは高校2年生の夏につくば市の農研機構を見学しておられ、その頃から筑波大学が視野に入っていたのかもしれません。

悠仁さまのキャラクターについて筑波大学附属高校の同級生は「悠仁、頭がよくて優しくていいやつ」とXでつぶやいています。

なぜ、秋篠宮家ばかりがバッシングを受けるのか。そこには、秋篠宮家を貶めることで「こんなひどい家から天皇が現れると思うとぞっとする」などという世論を形成したいからではないかと思います。

そしてその先には「だから愛子さまに天皇になっていただこう」、あるいは「愛子さまが天皇になれなかったら皇室なんていらない」という雰囲気を世間に広めたいのでしょう（これらの言葉はXやヤフーニュースのコメント欄、すなわちヤフコメに定型文のように登場します)。

つまり、世論の力によって秋篠宮家から既に決定している皇位を簒奪して、愛子さまを天皇にしようとしているのです。

愛子さまが天皇になれば、そこから女系天皇が現れ、皇統が滅ぶということは何度も述べたとおりです。秋篠宮家を貶める勢力の狙いは、まさにここにあります。

また、「愛子さまが天皇になれなかったら、皇室はいらない」という考えは、もともと皇室をつぶしたい意図があるからこそ出てくるものでしょう。


秋篠宮家バッシングの目的としてもう一つ考えられるのは、激烈なバッシングによって秋篠宮家の方々を精神的に追い詰め、特に悠仁さまに、こんなことなら自分は天皇になりたくないと、自ら皇位を放棄させることではないかと思います。

私はかつて悠仁さまが精神的に参っておられるのではないかと心配していましたが、この作戦は悠仁さまには通用しないと、筑波大学附属高校にご進学のときのインタビューをはじめ、お姿を拝見するたびに思います。

## 反日外国勢力の秋篠宮家バッシング放置は国民の怠慢

ネット上の秋篠宮家バッシングには、大きな特徴があります。それは、日本語が得意ではない人が書いたと思われるものが多いということ。私たち日本人なら犯すことのない言い間違いが数多く出てきます。

最近、「紀子さまの出目が卑しい」という表現を目にしました。「出目って何？」と思いましたが、某ユーチューバーが「紀子さまは吐き気がするほど卑しい出自だ」と言っていたことを思い出しました。「出自」が読めず、似ている字を当てはめたのです。

それにしても「吐き気がするほど卑しい出自」とは、随分な差別発言ではありませんか。

ちなみに紀子さまは、父方の川嶋家が紀州の名家であり、父方のおばあさまが元会津藩士で大阪市長を務めた池上四郎の娘であるなど、高い社会的地位にあって、なおかつ人のために尽くす家系の出であると私は見ています。

紀子さまが高校生の頃からボランティア活動に熱心であるのは、人のために尽くすことが先祖代々の使命であったからこそでしょう。

その家系はご立派でこそあれ、卑しいなどと言われる理由はどこにもありません。

もう一つ大笑いしたのは、悠仁さまのご進学について「不度」があったというものです。これも「不度って何？」と思いましたが、文脈からして「忖度」と言いたかったのでしょう。

また紀子さまだとして雅子さまの写真を使うなど、皇室の知識がほとんどない者が書き込んでいます。

さらには文章には「簡体字」が使われていたりします。簡体字というのは漢字を簡略化した字体のことで、１９５０年代に中国で制定された漢字です。

このことから想像できるのは、日本人の中にも秋篠宮家をバッシングしている人はいるだろうが、本丸は簡体字を使う人、つまり中国人なのではないかということです。

最近では秋篠宮家貶め投稿のハッシュタグ「秋篠宮家不要」「秋篠宮家は日本の恥」「秋篠宮家にＤＮＡ鑑定を」「秋篠宮家に会計監査を」などが、Ｘの「アジア・太平洋のトレンド」としてトレンド入りすることがあります。「日本のトレンド」ではありません。Xを使えない中国ですが、1つには比較的規制の緩い、香港から書き込んでいる様子がうかがえます。とにかく、中国お得意の情報戦を行っているのでしょう。

仮に私が外国人で、日本の乗っ取りを狙っているとします。私は真っ先に皇室をターゲットにすると思います。なぜなら皇室は日本の根幹。その根幹を攻めるのが一番効果的だからです。

日本人は皇室を「畏れ多い存在」ととらえています。だからまっとうな日本人なら、皇室を攻撃しようなどと発想すらできないのです。しかし、皇室に畏れなど感じていない反日外国左翼勢力は違います。

また、皇室のことは皇族にお任せし、庶民が口出しをすべきではないという人もいますし、私はそういう人たちにXでしばしば注意されます。しかし、彼ら反日外国左翼勢力にとっては都合のよい人々にすぎません。この状態を放置しておくのは国民の怠慢の何物でもありません。

## 私の動画のコメントが削除された！　その真相

ネット上には秋篠宮家を貶め、天皇ご一家と高円宮《たかまどのみや》家を褒めるアルバイト募集があります。秋篠宮家を貶める動画作成1本5万円などというバイトもあるそうです。ヤフコメや YouTube のコメント欄はそのような主旨に沿ったコメントで溢れかえっています。

一方、秋篠宮家を擁護するコメントは反映されないか、削除される傾向にあります。秋篠宮家を擁護してヤフコメを出禁になった人、秋篠宮皇嗣殿下のお誕生日に「お誕生日おめでとうございます」と書いたものの反映されなかった人、あるいは反映されても短時間のうちに大量のバッドマークや「うーん」と首をひねるマークがついたという人を私は数多く知っています。

私自身、動画『デイリー WiLL』で秋篠宮家貶めのコメントなどはお金で動員された人々がやっていることや、皇室に工作が及んでいることを述べたとき、「こいつ頭おかしい」「お金なんか出るわけない、陰謀論だ」「不敬だ」などの攻撃的なコメントを大量に書き込まれた経験があります。

もちろん、私の意見に賛同するコメント、皇室の内情を勇気をもって述べてくれているなど、まともなコメントもいただきました。しかし、1か月もしないうちにそれらのほとんどが削除されました。


YouTubeはGoogleの傘下であり、GoogleといえばアメリカのIT産業大手4社GAFAの一角をなすグローバル企業です。

グローバル勢力は世界の均質化を目指しているので、その根本は共産主義思想と同じです。世界の均質化を目指す彼らにとっては、地域固有の文化や価値観は、勢力伸長を妨げる邪魔なもの、排除すべきもの。つまり、グローバル勢力にとっては、日本の文化や価値観の根底にある皇室こそ、大きな障壁なのです。

こう考えれば、なぜYouTubeの秋篠宮家擁護のコメントが削除されるのか、大いに納得いただけると思います。

コロナ騒動のとき、ワクチンの危険性をYouTubeで発信すると、運営者が規約違反などの理由でbanしたという話をいくつも聞きました。「ban」とは、英語で「禁止」「追放」のことです。banを回避するために皆さん、「お注射」と言い換えるなどの工夫をしていました。コロナワクチンを推進しているのもグローバル勢力です。

## 秋篠宮家は海外賓客ときちんと交流なさっている

秋篠宮皇嗣殿下がお勤めの一つである海外賓客との交流に熱心でないという批判もあります。これも事実に基づかない話、捏造です。

ちょっと調べただけでも、2022年12月10日、秋篠宮皇嗣同妃両殿下、佳子内親王殿下、悠仁親王殿下ご一家で、経済ミッションを率いて訪日されたベルギーのアストリッド王女殿下（フィリップ国王の妹）を秋篠宮邸にお招きになっています。

このときの模様を宮内庁のホームページでは、「今回の訪日のご様子や昔の思い出などのお話で、皆様で約1時間ほど和やかに懇談されました」と伝えています。

秋篠宮皇嗣同妃両殿下は、2013年4月にもアストリッド王女殿下を宮邸へお招きになり、佳子内親王殿下と悠仁親王殿下も同席されています。

秋篠宮家はタイとの交流の歴史が長いこともよく知られています。２００３年8月には皇嗣殿下ご夫妻と眞子さま、佳子さまがタイを訪問。２０１５年４月にはラーマ９世（通称、プミポン国王）の2女シリントン王女が非公式に秋篠宮邸を訪問。２０１７年10月26日にはラーマ９世が亡くなって1年後の国葬にご夫妻で参列なさっています。

秋篠宮家はブータンとの交流も熱心で、２０１７年5～6月にかけて眞子さまがブータンを公式訪問。２０１９年8月には、ご夫妻と悠仁さま3人で私的にブータンを訪問しました。

悠仁さまにとってはこれが初めての海外で、羽織袴姿の悠仁さまが民族衣装をまとったワンチュク国王の王太子（将来の国王）と並んだ写真が、お2人ともあまりにも可愛らしく、ほほえましくて印象的でした。悠仁さまをお連れになったのは、帝王教育をお考えになってのことでしょう。

２０２２年10月には、ワンチュク国王の妹ソナム王女が2人の王子とともに来日して秋篠宮邸で懇談。悠仁さまも同席なさっています。

ほかにも２０２４年6月にはルクセンブルクのギヨーム皇太子が秋篠宮邸を訪問、悠仁さまもご一緒に夕食をするなど、例を挙げればきりがありません。

## 悠仁さまの教育もきちんとなされている

前項で秋篠宮皇嗣殿下が悠仁さまをブータンにお連れになったのは、帝王教育をお考えになってのことと書きましたが、国内においてもきちんとご教育なさっています。

悠仁さまはまだ幼いころから、東京都八王子市長房町にある武蔵野陵を参拝なさっています。武蔵野陵には大正天皇と貞明《ていめい》皇后、昭和天皇と香淳皇后の４陵が造営されています。

初めてのご参拝は２０１３年3月、小学校ご入学の前。以降、節目ごとにご参拝なさっています。

２０１２年11月には伊勢神宮と神武天皇陵をご両親とご参拝、２０２２年10月には単独でご参拝。ほかには、沖縄（２０１３年12月をはじめとして数回）、長崎（２０１６年12

月）、広島（２０１８年８月）、学童疎開船対馬丸（２０１４年８月）などを慰霊。小笠原（２０１７年７月）、熊本県球磨郡五木村の焼き畑農業、宮崎県東臼杵郡椎葉村の養蜂場（２０２３年４月）などをご視察。鹿児島（２０２３年７～８月）や岐阜（２０２４年７～８月）の全国高等学校総合文化祭にご臨席しています。

２０２３年６月には悠仁さま自らお調べになり、東北に唯一残る皇族の墓、蜂子皇子の墓に参られたほか、２０２４年８月には京都の国際昆虫学会議の開会式にご臨席になりました。

国際昆虫学会議ではその場におられなかったものの、ご自身のトンボ研究のポスター発表に参加なさっています。

２０２５年２月12日には、京都府舞鶴市の「舞鶴引揚記念館」を私的に訪問されました。これは２０１７年に秋篠宮ご夫妻が訪問された際に、同館が悠仁さまのご訪問を依頼し、それが実現したものです。

以上は参拝やご臨席の一部ですが、このようなご活動は歴史や国民の活動に関する見聞を広め、将来しかるべきお立場になられたときの有益な財産になるでしょう。

それ以外にも、専門家の講義を受け、書物によっても勉学に励んでおられます。その背後には、秋篠宮皇嗣ご夫妻の配慮があることは言うまでもありません。

## 佳子さま学習院大学退学、ICU転入は仕掛けられた罠から逃れるため

2013年（平成25年）4月、学習院大学は文学部に教育学科を新設しました。佳子さまはここに一期生として入学なさいました。

しかし、2014年8月末日で退学。国際基督教大学（ICU）に転入したことはご存じのとおりです。

学習院大学の教育学科新設は、はっきり言って、佳子さまの進学を見越してのことでした。それにもかかわらず、なぜ佳子さまは学習院大学を退学して、ICUに入り直したのか。わがままだ、自分勝手だと批判されますが、ICU転入にはもっともな事情がありました。

学習院大学教育学科の教授には、佐藤学氏や諏訪哲郎氏が名を連ねていました。佐藤氏

は２０１２年に東京大学を退職、同年に学習院大学文学部教授に就任しましたが、左翼活動家として有名な人物。諏訪氏は中韓の専門家です。

そのうえ開設時の教育学科には、第二外国語の選択肢は中国語と朝鮮語しかなく、３年生になると中国か韓国に研修というカリキュラムになっていました。

もうおわかりでしょう。

もし3年生まで教育学部に在籍して、研修の名のもとに中国や韓国に行けば、何が待ち構えているかわかったものではありません。

仮に中国に行ったとすれば、南京大虐殺記念館を見学。韓国に行ったとすれば慰安婦像を見学。そこで謝罪を求められる可能性は否定できません。つまり、佳子さまには政治的に利用される可能性があったのです。

いわば巧妙に仕掛けられた罠から逃れるために、佳子さまはＩＣＵに脱出したのです。

ＩＣＵ転入はわがままなどではなく、危険回避の賢明な判断だったのです。

もともと学習院は皇族・華族の子弟の教育機関として設立され、戦後、新たに私立学校として再出発した歴史があります。

戦後の風潮の中で学習院の教育は左傾化していき、いまや学習院はかつての姿をほとんど失い、ただの私立学校、それもかなり左傾化した学校になってしまいました。

秋篠宮ご夫妻が学んでおられたころは目に余る左傾化を感じなかったのかもしれませんが、お子さんたちの時代になって、かなりの左傾化にお気づきになったのかもしれません。

悠仁さまの学校選びに際して、お茶の水女子大学附属幼稚園をお選びになったのも、今の学習院の環境から遠ざけたいというお気持ちが働いていたのではないかと思います。ご両親の母校を避けなければならないというのは、さぞおつらい選択だったでしょう。

学習院関連でもう一つ付け加えておきます。

学習院女子大学には１９９９年から10年間、福島瑞穂氏が法学の客員教授を務めていました。福島氏は筋金入りの左翼です。学習院は皇族や華族の子弟が通う教育機関であるがために、左翼の標的にされやすい存在なのかもしれません。

ここまで秋篠宮家のご活動のほんの一部を紹介してきましたが、ちょっと注意深く観察すれば、祭祀、公務、ボランティア活動など、皇族としてこれ以上のことはできないというほど、ご一家は真摯《しんし》にお勤めなさっています。

なおかつ、その生活ぶりは質素、倹約。夏にエアコンを極力使わない、片方をなくした靴下はとっておいて左右別々の靴下をはくなどのエピソードが伝わっているほどです。

皇族の立場を利用するとか、公私混同もない。私たち国民は、秋篠宮家に対して誰一人として足を向けて眠れないほど極めて誠実でわきまえがあるご一家なのです。

# 第5章

# 「愛子天皇待望論」の本気度を考える

## 「愛子天皇待望論」5つの論拠

これまで何度もお話ししてきましたが、現在の皇位継承順位の1位は皇嗣である秋篠宮皇嗣殿下、2位が秋篠宮さまご夫妻の長男である悠仁親王殿下、3位が上皇さまの弟の常陸宮正仁親王殿下です。

皇位継承順位は皇室典範の定めに基づいてすでに定められているにもかかわらず、世の中には「愛子天皇」を待望する声があります。『愛子さま　女性天皇への道』(高森明勅著、講談社ビーシー)なる本も出るほどです。この本の帯には、「国民の9割が認める女性天皇」「愛子さまが天皇になるべき5つの理由はここまで現実的!!」とあります。

その本で、愛子さまが「天皇になるべき5つの理由」として挙げられていることを要約すると、

①女性天皇を排除する現在の皇位継承ルールでは、皇室の存続が難しい。
②国民統合の象徴である天皇に男性しかなれないルールはいびつである。
③天皇の後継者は血縁がもっとも近く、おそばで感化、薫陶を受けた方がふさわしい。

④天皇という地位は「国民の総意」に基づくべき。国民の気持ちを無視してよいのか。
⑤現代において「ジェンダー平等は」普遍的な価値観である。
となります。

私は、皇位は皇統に属する男系男子によって受け継がれていくからこそ意味のあることであり、女性天皇や女系天皇が誕生すれば、それは皇統が滅ぶことを意味する、日本の国のかたちが崩壊してしまうと、本書で一貫して述べてきました。

女性天皇や女系天皇の誕生はこんなにも破滅的な結果を招くというのに、なぜ軽々しく「愛子天皇を待望する」と言うのでしょうか。

本章では、愛子さまが天皇になるべき「5つの理由」なるものに妥当性があるのかどうかを、私なりに検証してみます。

## 80年足らずのうちに激減してしまった皇位継承者

日本国憲法とともに皇室典範が施行された1947年（昭和22年）5月時点では、皇位継承資格者として、昭和天皇の長男である現在の上皇さま、次男である常陸宮さまのほか、秩父宮さま、高松宮さま、三笠宮さま、三笠宮さまの長男である寛仁さま（ヒゲの殿下）の6方のほか、11宮家の男子26人が想定されていました。

しかし同年10月、当時の片山哲首相が議長を務める皇室会議が開かれ、皇族に皇室を離れる意思があると指摘し、11の宮家が皇籍を離れることになりました。

その11宮家とは、伏見宮、東伏見宮、久邇宮、東久邇宮、竹田宮、山階宮、賀陽宮、梨本宮、北白川宮、朝香宮、閑院宮です。

現在は、秋篠宮、常陸宮、三笠宮、高円宮の4つの宮家がありますが、男系男子にのみその地位が継承されるルールによって、先に述べたように皇位継承者は秋篠宮さま、その長男である悠仁さま、上皇さまの弟の常陸宮さまの3方がおられるだけです。

昭和22年時点では32人おられた皇位継承資格者が、80年足らずのうちに3方になってしまったのです。

皇族の減少と高齢化によって皇室存続に不安の声が上がるのは一面無理のないこと。当然、私も心配している1人です。

## 女性宮家創設は皇室存続の決定打にはならない

この皇室存続の不安を解消するために、皇室典範を改正して、女性皇族が結婚後も皇族の身分にとどまり、独立して実質的に宮家を創設できるようにする「女性宮家創設」を求める意見があり、有識者会議でもその検討が提案されています。

たしかに現在の皇室は女性の皇族方が圧倒的ですし、男系男子にのみその地位が継承されるルールがあります。また、女性の皇族がご結婚なさったときは、たとえ天皇のお子さまであっても、黒田清子さんのように皇籍から離れなければなりません。

ならば、女性皇族がご結婚なさった場合、新たに宮家を創設して皇族の地位を保てるようにしてはどうか、そうすれば皇室存続の不安が解消されるのではないかというのが、いわゆる「女性宮家創設論」の論拠です。

こう言われれば、多くの人は「女性宮家創設は皇室存続の不安解消に有効だ」と考えてしまうでしょう。

しかしちょっと想像すれば、女性宮家創設自体がそんなに簡単ではないことがわかります。

たとえば、仮に女性皇族が一般の男性とご結婚なさり、新たな宮家を創設した場合、そのお子さんの身分を皇族とするのでしょうか。あるいは、そのお子さんに皇位継承権を与えるのでしょうか。

男性であれ女性であれ、もしそのお子さんにも皇位継承権が与えられて皇位に就くようなことになれば、歴史上に例のない女系天皇。いや、それは天皇とは言えない存在です。

古代の女性天皇であっても、それは男系女子。よって皇位は126代にわたり一度の例外もなく男系によって継承されてきました。

10代8人の女性天皇を除くと、男系男子の天皇をいただいてこその日本なのです（また過去の女性天皇は未亡人か生涯独身という厳しい条件がついていたことを「愛子天皇待望論者」は見逃すのか、ここでは敢えて触れません）。

こんな歴史を持った国は世界広しといえど我が国のみで、日本は世界の中でも「超」がつくほどの特別な存在、だから諸外国は日本の皇室に尊敬をもって接しているわけです。

「女性宮家創設」は日本の国柄を変えてしまいかねない危険性をはらんでいます。女系が皇統に入り、一度の例外もなく男系によって継承されてきた皇位の歴史が途絶えた瞬間に、日本は「どこにでもある国」になってしまいます。

それは「普通の国」になるとも言えますが、その時に得ることよりも失うことのほうがはるかに多いでしょう。

女性宮家の創設は皇室存続の不安を解消する決定打のように主張する人がいますが、私に言わせれば底の浅い主張であり、おそらく知識のない人々を騙すための主張でもあります。ほんとうに日本の将来を見据えたうえでの主張とは思えません。

## 皇室存続の不安は旧宮家の皇族復帰で解消できる

では、女性宮家の創設によらず、男系による皇位継承を安定的に維持するにはどうすればよいのか。それは前述したように、1947年（昭和22年）に皇籍を離れた旧宮家の男系男子の血統のご子孫に皇籍へ復帰していただくこと、いわゆる「旧宮家の皇籍復帰」が国民も納得しやすく、かつもっとも現実的な方策です。

旧宮家の皇籍復帰に関しては、2015年（平成27年）に衆参両議院の有志議員から「旧宮家の皇籍復帰に関する請願」がそれぞれ内閣委員会に提出されました。

この請願には、大きく2つの案が提示されています。

1つは「旧宮家の子孫の男系男子を養子として迎える」という案です。現在、皇室典範の第9条には「天皇及び皇族は、養子をすることができない」とあり、養子縁組ができないことになっていますが、これを変える。

もう1つは、法律により直接皇族に復帰させるというものです。

私は、2つの案とも十分に検討する価値があると思っています。というのは、養子縁組案であれ、直接皇族復帰案であれ、皇室存続の最大ポイントである「男系男子」の皇位継承候補が増えることにつながるからです。

そもそも旧宮家というのは、天皇家の男系継承を支え、天皇家の血筋を絶やさないセーフティーネット。それが存在の大きな目的でした。

ところがGHQによる占領下の1947年（昭和22年）10月、昭和天皇の弟である秩父宮、高松宮、三笠宮の3宮家（直宮家）を除き、11宮家が皇族の身分を離れ一般国民となったのです。11宮家の中には室町時代から続く伏見宮も含まれていました。

歴史のある11宮家が皇籍離脱に至った要因は、GHQの指令で皇室財産の大半が国のものとなり、皇室が多くの皇族を抱えることができなくなったことでした。

皇籍離脱まで宮家にいた皇位継承権者26人は、皇籍離脱とともにその資格を失いました。

これは、皇室の力が弱まれば日本の国力も落ちて、再び戦勝国の脅威になることはないだろうと考えたGHQの企みにほかなりません。

11宮家の男系男子はもともと皇位継承資格を有していたので、その男系男子の子孫の方に養子として皇族になっていただければ、皇統の歴史が途絶える心配は格段に小さくなります。

すぐに国民の理解と支持を得るのは難しいかもしれませんが、養子となり、現在の皇室の方々とともに活動し役割を果たしていくうちに、徐々に国民の理解と共感が形成されていくでしょう。

## 皇室典範を改正することなく皇籍復帰は可能

とはいえ養子縁組案にまったく問題がないわけではありません。たとえば養子となった皇族は皇位継承資格を持つのかどうか、養子になった時点で子がいた場合その子も皇族にするのかどうか、養子になった後に生まれた子は皇位継承資格を持つのかどうかなど、検討すべき課題はあります。

私としては、旧宮家はもともと皇族だったのですから、法律によって直接皇族に復帰していただくほうが国民の理解を得られやすいのではないかと思います。

百地章先生は、皇室典範には既に旧宮家の方々が復帰されることを待っている箇所があると言っておられます。

第2条第1項

皇位は、左の順序により、皇族に、これを伝える。

1皇長子

2皇長孫

3その他の皇長子の子孫

4皇次子及びその子孫

5その他の皇子孫

6皇兄弟及びその子孫

7皇伯叔父及びその子孫

第2項

前項各号の皇族がないときは、皇位は、それ以上で、最近親の系統の皇族に、これを伝える。

つまり、第1項の1から7までのどこにも皇位に該当する方がいないときには第2項の方が皇位を継ぐということで、「それ以上で、最近親の系統の皇族」というのが旧宮家の男系男子のことを指します。

旧宮家の男系男子は現在皇族ではなく、そのためこのように皇室典範が空欄の状態になっているが、ここにお入りいただくだけですむ。つまり百地先生は、皇室典範を改正することなく、皇籍復帰が可能だと指摘なさっているのです。

いずれにせよ、女性天皇を排除する現在の皇位継承ルールでは、皇室の存続は難しい。だから女性天皇を認めよう、女性宮家を認めようというのは、長い皇統の歴史を無視した安易な発想と言わざるを得ません。

その際、過去の女性天皇が未亡人か生涯独身であり、その後の皇位継承の妨げにならないようにしていたという肝心な点は考慮されず、ただ単に現代の女性天皇に生涯独身を強いるのは人権問題だ、結婚していただこうという話に必ずなります。そして女系天皇を出現させる糸口をつくり、皇統は滅ぶ運命をたどるでしょう。

それよりも、検討し解決していくべき課題があるとはいえ、旧宮家の方々に皇籍に復帰していただくほうが、皇統の歴史を維持、存続させるためにも、はるかに現実的な方法だと思います。

以上のことから、前掲書『愛子さま 女性天皇への道』で挙げられている「女性天皇を排除する現在の皇位継承ルールでは、皇室の存続が難しい」というのは当を得た意見ではありません。

## 「男性しか天皇になれないルール」はいびつなのか

『愛子さま 女性天皇への道』では「国民統合の象徴である天皇に男性しかなれないルールはいびつ」と言っていますが、果たしてそうでしょうか。

皇室典範は、日本国憲法に付属する法典の一つです。皇位継承について、憲法では「世襲制」を規定しています。この世襲というのは、本当は男子による世襲のみを意味するのですが、現代の人々には男とも女とも規定していないではないかと解釈されてしまうため、具体的なことは皇室典範に定められています。

その皇室典範の第1条には「皇位は、皇統に属する男系の男子が、これを継承する。」と記されています。

「愛子天皇」を待望する人たちはその論拠の1つを、「男性しか天皇になれないルールはいびつ」だとしていますが、「皇統に属する男系の男子が皇位を継承する」と法律で定められているのですから、彼らは「法律がいびつだ」と言っているのと同じことになります。

現行の法律をどのように評価するかは個人の自由です。ですから、私は皇室典範を「いびつ」と評価する人たちを責める気は毛頭ありません。

しかし、法律がいびつだからと言って、即「愛子さまを天皇に」というのは、皇室の伝統や歴史をまったく考慮していない、あまりにも飛躍した話と言わざるを得ません。

繰り返して言いますが、日本は実在が確実な天皇である第26代継体天皇から数えても1500年以上の長い皇統の歴史を持つ国です。この事実を一顧だにせず皇室の在り方を議論するのは、皇室の方々に対して失礼きわまりないことです。

日本は法治国家です。法律が時代の変化とともに実情に合わなくなり、それを改正するにしても、法律にしたがって行うのがルールです。

皇室典範はいびつ、だから「愛子天皇」というのは、ルールと理屈と歴史を無視した馬鹿げた話、現代人による傲慢な話というよりないのです。

## 愛子さま以外にもおられる「おそばで感化、薫陶を受けた方」

「愛子天皇」を待望する3つ目の理由として、天皇を後継なさる方は血縁がもっとも近く、おそばで感化、薫陶を受けた方がふさわしいとしています。

たしかに愛子さまは天皇皇后両陛下のご長女ですから、血縁的にはもっとも近い方です。

しかし法律で「皇位は、皇統に属する男系の男子が、これを継承する」と定められています。それでも血縁がもっとも近い方がふさわしいというなら、前項でも指摘したように、法律の改正を待たねばなりません。

それよりも私が問題にしたいのは、何をもって「天皇のおそばで感化、薫陶を受けた方」とするのかという点です。

今上陛下は現在の上皇さま上皇后さまと一緒に住まわれ成長なさったのですから、もっともおそばで感化、薫陶を受けた方にほかなりません。これに議論の余地はありません。では、秋篠宮殿下はどうなのでしょう。秋篠宮殿下も今上陛下と同様、上皇上皇后両陛下と一緒に生活し成長なさったのですから、「もっともおそばで感化、薫陶を受けた方」のお一人であることは、これまた疑いようもないのです。

ついでながら今上陛下も秋篠宮殿下も、生まれてから青年に至る年月の中で昭和天皇と香淳皇后と折に触れてお会いになっておられます。これもまたおそばで薫陶を受けたことになるでしょう。昭和天皇が礼宮《あやのみや》さま（秋篠宮殿下）を隣に座らせ、抱き寄せている写真をよく拝見します。

また、昭和天皇は晩年にヒオウギアヤメの研究を礼宮さまに託しました。紀子さまのお印がヒオウギアヤメであるのはそのためです。

天皇の継承は「もっともおそばで感化、薫陶を受けた方がふさわしい」と主張し、「だから愛子さまを天皇に」と言っている人たちは、秋篠宮さまが上皇さま上皇后さまと一緒に生活なさってきたこと、昭和天皇や香淳皇后とも頻繁に会っていらしたことについて「見ないふり」を決め込んでいるとしか思えません。

「皇位の継承は皇統に属する男系の男子」と定められています。もっともおそばで感化、薫陶を受けた秋篠宮さまが皇嗣になられたのは至極当然なことなのです。

さらに言えば、秋篠宮さまの長男である悠仁さまも、幼少期から秋篠宮さまのおそばにいて感化、薫陶を受けた方であることは言うまでもありません。

## 女性天皇容認は、ほんとうに「国民の総意」なのか

憲法では、「天皇は、日本国の象徴であり日本国民統合の象徴であって、この地位は、主権の存する日本国民の総意に基づく」とされています。

「愛子天皇」を待望する人たちは世論調査の結果をもとに、国民の9割が女性天皇を認めることに賛同している。9割が賛同しているから、これは国民の総意と言ってもよい。だから、愛子さまが天皇になることを国民は望んでいるという論を展開しています。

根拠としているのは、2024年（令和6年）4月28日に共同通信社が公表した調査結果です。その調査では「あなたは女性皇族も皇位を継ぐ女性天皇を認めることに賛成ですか、反対ですか」という質問に対して、「賛成」が52%、「どちらかといえば賛成」が38

%、合計90%という数字が公表されています。（ちなみに、「どちらかといえば反対」は6%、「反対」は3%でした。）

これを見る限り、90%が賛成というのはきわめて高い数字です。しかし、きわめて高い数字だからと言って、それが日本国憲法がうたっている「国民の総意」と言えるのでしょうか。

また調査では「女性天皇」としか問うておらず、「愛子天皇」とは言っていません。それなのに国民の9割が女性天皇に賛同している、だから愛子さまが天皇になることを国民が望んでいる、と随分飛躍させています。

皇學館大學教授の新田均先生は、日本国憲法における「国民の総意」とは、「いくつもの時代を経て受け継がれてきた伝統から推察される先人たちの意思と、それに対する憲法制定当時の国民の同意が合体したもの」と指摘しています。つまり、単に「憲法が制定された時代に生きていた人たちの多くの意見」という意味ではないのです。

さらに新田先生は「単にたまたま今生きて動いているというだけで、今の人間が投票権を独占するなどということは、生者の傲慢な寡頭政治以外の何物でもない。伝統はこれに屈することを許さない」という、イギリスの作家チェスタトンの『正統とは何か』の一節を紹介しています。

世論調査で9割の人が女性天皇を認めることに賛意を示したとはいっても、それは「今たまたま生きている人の意見」にすぎず、とうてい日本の歴史や文化、伝統を熟慮しての「総意」とは言えません。

私は世論調査を否定するつもりはありません。ごくごく最近の問題、たとえばマイナンバーカードと保険証の合体のように、今を生きている人の意見を求める必要がある場合、世論調査は参考になると思います。

しかし、女性天皇を誕生させるかどうかは、まさに日本人が築いてきた歴史を十分に考慮して判断しなければならない重要な問題です。

あえて言わせていただくなら、「イエス」「ノー」「どちらとも言えない」くらいの選択肢しか用意されていない世論調査で、女性天皇を認めるかどうかを問うこと自体そもそもナンセンスなのです。

## ジェンダー平等は普遍的な価値観、だから女性天皇？

ジェンダーとは社会的な性を意味する言葉で、ジェンダー平等あるいはジェンダーフリーとは、社会的文化的な男女差のない状態を指します。

「女性天皇」を待望する人たちは、天皇を社会的な立場の一つととらえて、男系男子しか天皇になれないのはジェンダー不平等だ、だから愛子さまに天皇になっていただいて「皇室もジェンダー平等に」と主張しているのでしょうが、「女性天皇待望」という看板を掲げることで、自分がいかにジェンダー平等に理解があり、進歩的な考えの持ち主かという格好づけに使っているだけのように思えてなりません。

長く動物の行動を研究してきた者として言いたいのは、動物の世界には雌雄それぞれに役割があるということです。人間も動物なので、男と女にはそれぞれに異なった役割があります。そのもっとも大きな役割の違いは、女は出産して子孫を残すという役割です。

いくらジェンダー平等の考え方が浸透したとしても、この役割の違いはなくなりません。

もし仮に女性天皇が誕生したとします。その方は日々天皇として仕事をこなします。女性天皇を待望する人は、日々の仕事に加えて、妊娠、出産という女性としての大きな役割も果たしていただくことを期待しているのでしょうか。

過去の女性天皇が未亡人か生涯独身だった理由の一つは、皇位継承に影響を与えないことだと思いますが、妊娠、出産という大役を同時にこなせないことも理由の一つだったでしょう。

亡くなられたエリザベス女王は出産と子育てをしつつ女王の仕事もこなされたという人がいるかもしれません。しかし、エリザベス女王は一般の女性以上の「大変さ」を経験なさったのではないかと思います。

女性天皇になる方に女性ならではの「大変さ」を強いてもよいのか。女性天皇を待望する人、あるいは女性天皇を認めてもよいと考えている人に、そこまで考えて女性天皇を待望しているのかどうか、意見を聞いてみたいです。

天皇としての仕事、女性としての役割の大変さを考えれば、「ジェンダー平等は普遍的な価値観、だから女性天皇もあり」とは、そう軽々しく言えないはずです。ジェンダー平等だから女性天皇もありという考え方のほうが、人としての思慮深さに欠けているのではないかと思います。

## 女性天皇待望論はクーデターものの発想

ここまで愛子さまが天皇になるべき「5つの理由」について私なりの考えを述べてきました。それらはどれも的外れであるとか、思慮に欠けた屁理屈だと思います。

しかし、何か目的があるから屁理屈をこねてまで女性天皇を待望しているのでしょう。その目的は、最終的には皇室の崩壊ではないかと思います。皇室を崩壊させれば、日本は国民統合の柱を失い、「普通の国」になってしまいます。

日本が「普通の国」になることで、誰かが何か得をするのでしょう。その意味で、女性天皇待望論は日本を転覆させるクーデターものの発想です。

皇統の男系男子で築かれてきた1500年以上の皇室の歴史は、決してお金やモノと交換することはできません。しかし、いったん女性天皇が誕生すれば、1500年の歴史に終止符を打つことになります。

1500年続いた歴史は、1500年たてば蘇るものではありません。たとえ1500年たったとしても、それは以前の1500年とは違う新しい歴史です。

なんとなくムード的に「女性天皇もありでは？」と考えている人たちにお願いします。どうかこの点に心を向けて、今後の皇室の在り方をじっくりと考えていただきたいと思います。

第6章

# 悠仁さまは日本を救うためにお生まれになった

## 紀子さまご懐妊の報に がっかりしたかのような表情を見せた総理

忘れもしない、2006年（平成18年）2月7日のことです。国会で審議中の小泉純一郎総理（当時）は側近から何やら耳打ちをされ、メモを渡されました。

紀子さま、ご懐妊の知らせです。

ここで普通の人なら、「ああ、よかった。もし男の子なら皇位継承者となり、皇統がつながる！」とぱっと明るい表情に変わるはず。ところが小泉氏は何とも暗く、呆然とした表情を見せたのです。

当時、皇室には新しい世代の男系男子がおらず、その前年に開かれていた皇室典範改正についての有識者会議では、女性天皇もやむなしということになり、既に11月に報告書まで提出されていました。小泉氏もそのつもりでいたのでしょう。そこへ降って湧いたような紀子さまご懐妊の報が届いたのです。

そこでまたもや救世主、安倍晋三氏が登場します。安倍氏は、お子さんが男の子かもしれず、この議論は進めるべきではないと、小泉氏を説得しました。すんでのところで女性天皇が防がれたのです。

## 男子誕生の確率高し

紀子さまのご懐妊中に、月刊誌『文藝春秋』から原稿依頼があり、私は「男子誕生の確率高し」と題する文章を寄稿しました。動物学行動学的根拠を2つ提示し、説明したのです。

まず、女は若い頃には女の子を産みやすく、歳をとると男の子を産みやすいということ。

実は男の子の場合は妊娠期間が女の子よりも少し長く、大きく生まれる。それだけでなく、大きく育ちます。やんちゃなので手もかかる。

ということは女の子よりもコストがかかるので、女本人としてはその先の出産の道のりを考えた場合、若い頃には省エネタイプの女の子を、そろそろ出産は終わりに近いという頃にはうんとエネルギーのかかる男の子を産むべきだという理屈になり、実際にそういう傾向があります。

また先に女の子を産むことには別の利点もあります。ある文化人類学の研究では、女・女・男と産んだ場合に、子の生存率が最も高いと言う結果でした。女の子は男の子とは違い、かなり幼いときから下の子の面倒を見ることができるからです。

男子誕生の確率が高いことのもう一つの理由は、一番最近の出産から時間が空いているほど男の子を産みやすいということです。理由はやはり男の子にはよりコストがかかることにあり、前の出産から時間が空いていれば、体力も回復していて、男の子を産んでも大丈夫ということになるのです。

こうして紀子さまは39歳という年齢からも、前回、佳子さまをお産みになってから12年も経っているという条件からも、男の子をお産みになる可能性が高いわけですが、あくまで確率的な話。よって「確率高し」と表現し、ハラハラドキドキとしながら待っていましたが、見事親王殿下がお生まれになり、ほっと胸をなでおろした次第です。

## 悠仁さまご誕生の頃から反日外国勢力は秋篠宮家叩きをしていた

紀子さまの妊娠は高齢が一因なのでしょう、部分前置胎盤（胎盤の一部が子宮の出口を一部でふさぐ状態）と診断され、もしそのまま出産をすると母体も赤ちゃんも危ないため、帝王切開による出産となりました。それが２００６年（平成18年）９月６日のこと。

このように悠仁さまはいくつもの奇跡を重ねながらご誕生され、紀子さまも命を懸けられたのです。

当日は日本中が歓喜に包まれ、号外も出るほどでしたが、テレビ朝日は大変不敬な番組を放送しました。男性アナウンサーは黒いジャケットに黒いネクタイ、女性アナウンサーは白い衣装。こんもりと盛られた花は白と黄色のみ。

おそらく抗議の電話が殺到したのでしょう。番組の途中から男性アナウンサーはネクタイを濃紺に小さなドット柄に変えました。よく見ないと気がつかないくらいの変化です。花はあらかじめ用意していたのでしょう、赤やピンクを中心とした花に変わり、しかもその量はテーブルを埋め尽くし、後ろ側の棚にも飾られるほどになりました。

抗議が来ることを見越し、初めから花を用意しておきながら、最初は陰気な花を少量だけ飾る。男性アナウンサーははっきり言って喪服の出で立ちです。テレビ局がこんな露骨な嫌がらせをするのは、メディアが反日外国勢力に乗っ取られているからです。今日、マスコミ、ネットが総力をあげて秋篠宮家を捏造で貶めていますが、その状況の萌芽が既にこのときに現れていたのです。

## 秋篠宮家には産児制限がかけられていた

佳子さまから12年もの長きを経て悠仁さまが誕生したことに疑問を持つ方もいるでしょう。実は秋篠宮家は長年産児制限を受けていました。それは東宮家よりも先に男子を産むとややこしいことになるからという理由によるのでしょうが、秋篠宮家とて跡取りが必要であり、随分理不尽なことと思います。

「産児制限の証拠は？」とよく聞かれますが、12年の長いブランクがあることのほかに、秋篠宮殿下が会見で、自分たちは自由に子をつくることができないという意味のことをおっしゃっていること、悠仁さまがご誕生になったあとのご自身の誕生日会見で「お許しが出まして」と述べておられることです。

私がこう答えると、質問した人は「なんだ、本人の言っていることなどあてになるものか」と吐き捨てるように言いました。昨今の秋篠宮家貶めのプロパガンダの影響を受け、秋篠宮家はウソつきだと思い込んでいるようです。皇族が公の場でウソをつくなど、最もあってはならないことだとこの方は知らないのでしょう。

産児制限が解かれるきっかけとなったのは、侍医による、雅子さまも紀子さまも年齢的にそろそろ限界に近いという発言です。そして２００３年6月、湯浅利夫宮内庁長官が「東宮家にやはり第2子がほしい」「国民も同じように考えているのではないか」と述べ、２００３年11月の秋篠宮皇嗣殿下のお誕生日会見後の記者会見（12月11日）では「これからの皇室の繁栄を考えた場合には、私は３人目のご出産を強く希望したい」と発言しました。

そうしてようやく秋篠宮家は子づくりを許されたわけです。とはいえ、また少しご遠慮なさったようですが、２００５年9月、ご夫妻は兵庫県豊岡市を公務で訪れられ、人工飼育したコウノトリを放鳥されました。翌年の歌会始ではお2人ともコウノトリの歌を詠まれた。これはもしかしてと思っていたら、2月に紀子さまのご懐妊が発表されました。

## 悠仁さまの装束は、天皇や皇太子と同じ山科流

悠仁さまが5歳になられたとき、着袴《ちゃっこ》の儀が行われましたが、そのとき上皇陛下から贈られた衣装には、ある重大な意味を持つ印がありました。

装束の仕立てには「山科流」と「高倉流」があり、天皇と皇太子だけが山科流、その他は高倉流の仕立てとされます。

山科流と高倉流の違いは、襟をとめる白い止め糸（蜻蛉頭《とんぼがしら》）を見ればわかります。山科流は止め糸が縦の十字（＋）、高倉流は斜め十字（×）です。

悠仁さまの装束の襟の止め糸は縦の十字なので山科流でした。将来、天皇になる皇太子と同じ装束をお召しになっていたのです。

ちなみに、悠仁さまの父である秋篠宮皇嗣殿下が着袴の儀でお召しになったのは斜め十字の高倉流。兄上であられる今上陛下が着袴の儀でお召しになったのは縦十字の山科流でした。当時は、今上陛下が大人になってご結婚した後に男子がお生まれになることを前提

とし、このような印の違いがあったわけです。

ともあれ着袴の儀の装束を見ても、悠仁さまがいつか皇位に就かれることは、すでに決まっていることなのです。

## 悠仁さま、蜂子皇子の墓を参拝が意味していること

２０２３年６月、悠仁さまは東北に唯一残る皇族の墓、蜂子皇子の墓（山形県鶴岡市羽黒町）にお一人で参られました。しかも、蜂子皇子のことは悠仁さま自らがお調べになり決められたそうです。

蜂子皇子（５６２〜６４１年）は崇峻天皇の第３皇子。修験道の人物で、出羽三山の開祖として知られています。

当時、仏教の受け入れを巡って、賛成派の蘇我氏と反対派の物部氏が対立。蘇我馬子は崇峻天皇を即位させ、物部氏を倒して実権を握りました。しかし、崇峻天皇は自ら国を治めようとし、これを面白く思わない蘇我馬子に暗殺されてしまいます。蜂子皇子は、従兄の聖徳太子らの助けを借りて追っ手を避け、丹後から日本海を北上して、出羽の国に逃れ

ました。

悠仁さまが蜂子皇子の墓に参られると、一転にわかに掻き曇り、雨風が激しくなり、雷鳴が轟きました。同行した地元の宮司は、これは蜂子皇子が歓迎していると言ったそうです。

人を歓迎するのに、なぜ悪天候なのか。私は理解できませんでしたが、長崎純心大学准教授の石井望先生が八重山日報（2024年6月2日）に寄稿した論考を読んで、その謎が解けました。以下、その一部を紹介します。

暗殺された天皇の血胤《けついん》たる蜂子皇子の亡命物語は、今の皇室の危機を思わせます。腐敗した自民党や女系論者の干渉により万一父系皇統断絶に至れば、悠仁様は蜂子皇子のように血筋を守って隠遁する運命になりかねません。

崇峻天皇、推古天皇、聖徳太子は、ともに外戚蘇我氏に権柄を握られ、父系皇統は断絶の危機に在りました。崇峻天皇は用明天皇の弟なので、秋篠宮に重なって見えます。外戚蘇我氏の干渉を拒んで皇統をつないだ歴史を弔うために、悠仁様は遠く出羽までお忍びさ

小チャイナと大世界（三四）

# 風雷呼ぶ崇徳院の怨霊
# 蘇我女系の患と悠仁様

石井　望（談）

秋篠宮悠仁親王殿下の帝王学が神にも通じることを最近になって知りました。高清水有子女史「秋篠宮家の現在と未来」※によれば、令和5年、悠仁様は自ら願われて山形県の出羽三山神社の蜂子皇子（はちこのみこ）墓に参拝されたそうです。

蜂子皇子像　出羽三山神社ホームページより。

別当宮司宮野直生氏は、殿下がお参りになると晴天にわかに掻き曇り、風雨雷鳴は尋常ならず、神々が悠仁様を歓迎していると思った、とのことです（※令和5年『救国シンクタンク叢書・皇位継承問題』所収）。

これは信憑性あります。というのは、歓迎ならば瑞雲が出そうなもので、風神雷神の話になるはずがありません。蜂子皇子は崇峻天皇の第三皇子で、蜂子は「はちのこ」または「はちこ」と読み、万葉仮名で「波知乃子」とも書かれるそうです。

崇峻天皇が蘇我馬子に暗殺されるや、蜂子皇子は聖徳太子に匿（かくま）われ、丹後の由良から船出して出羽に落ち延びたとのことです。知られざる蜂子皇子墓に悠仁様がなぜお参りしようと思われたのか。

暗殺された天皇の血胤（けついん）たる蜂子皇子の亡命物語は、今の皇室の危機を思わせます。腐敗した自民党や女系論者の干渉により万一父系皇統断絶に至れば、悠仁様は蜂子皇子のように血筋を守って隠遁する運命になりかねません。

崇峻天皇、推古天皇、聖徳太子は、ともに外戚蘇我氏に権柄を握られ、父系皇統は断絶の危機に在りました。崇峻天皇は用明天皇の弟なので、秋篠宮に重なって見えます。外戚蘇我氏の干渉を拒んで皇統をつないだ歴史を弔（とむら）うために、悠仁様は遠く出羽までお忍びされたのでしょう。

平安末、保元の乱に敗れた崇徳院は讃岐の白峰に流罪となりました。西行法師が崇徳院の墓に参った時、一天にわかに掻き曇り、風雨雷鳴とともに崇徳院の亡霊が怨みを訴え、西行はこれを諫（いさ）めます。古文定番教材の一つです。

悠仁様が皇子の墓を弔うや瑞雲は出ず、白峰と同じく怨霊が風雲を呼んだのです。ただものではありません。外戚蘇我氏から皇統を護った歴史の重要性については次回。

本連載の内容は石井氏個人見解であり、政府見解とは関係ありません。

八重山日報社　2024年6月2日付

れたのでしょう。

平安末、保元の乱に敗れた崇徳院は讃岐の白峰に流罪となりました。西行法師が崇徳院の墓に参った時、一天にわかに掻き曇り、風雨雷鳴とともに崇徳院の亡霊が怨みを訴え、西行はこれを諌めます。古文定番教材の一つです。

悠仁様が皇子のお墓を弔うや瑞雲は出ず、白峰と同じく怨霊が風雲を呼んだのです。ただものではありません。


石井先生は、今の悠仁さまを取り巻く環境を蜂子皇子になぞらえて、悠仁さまの出羽行を解説しています。西行法師が崇徳上皇の墓に参った際、一天にわかに掻き曇り、風雨が激しくなり雷鳴が轟いたと伝えられています。それと同じことが、悠仁さまが蜂子皇子の墓を参られたときにも起きたというわけです。

石井先生はこの論考を「ただものではありません」と締めくくっていますが、確かに悠仁さまは何かを持っていらっしゃる。そんなことを感じさせるエピソードです。

## 悠仁さまのトンボとイネの研究は帝王学そのもの

「日本」という国名は、歴史的には7世紀後期、大化から大宝年間から使われるようになったと考えられていますが、それ以前は、倭《やまと》、大倭国《おおやまとのくに》（大和国）、扶桑《ふそう》、蓬莱《ほうらい》、瀛州《えいしゅう》、東瀛《とうえい》、大八洲《おおやしま》、豊葦原瑞穂国《とよあしはらのみずほのくに》、葦原中国《あしはらなかつくに》など、いくつもの古称がありました。その中の1つに「秋津島《あきづしま》」があります。秋津島の「秋津」とは昆虫のトンボのことです。

秋津島の由来は、神武天皇が山の上から国のかたちを眺めたとき、「トンボが交尾しているように、山々が連なり囲んでいる国だ」と言ったことに由来するという説。雄略天皇が腕にたかったアブをトンボが食べたことを「この大和の国を蜻蛉島《あきづしま》というのだ」と歌に詠んだことに由来するという説などがあります。

日本の稲作は弥生時代に始まります。トンボは稲につく害虫を食すので、稲の生育に役立つ益虫です。古代の人々はこうした経験に基づいて、トンボには何か霊的な力があると考えていたのかもしれません。「秋津島」という古称は、おそらくこんなところからきているのでしょう。

また日本のことを「瑞穂国《みずほのくに》」ともいいますが、瑞穂とは「稲の瑞々しい穂」のことで、これも稲作に由来する古称です。

悠仁さまは稲作にもトンボにも強いご関心をお持ちです。

トンボについては、２０１２～２０２２年の10年間に赤坂御用地で見つけた約40種のトンボの特徴について、「赤坂御用地のトンボ相」という論文におまとめになったことが話題になりました。40種の中には悠仁さまが発見した新種も含まれます。

２０１２年といえば、悠仁さまが幼稚園に通っておられるころ。そんな幼いころから大学での研究分野になるほど長く関心を持ち続けておられます。

悠仁さまは稲作にも強いご関心をお持ちです。

稲作については２０２３年、悠仁さまが茨城県つくば市の農研機構で「なぜ毎年、稲を栽培するのですか」と尋ねたことが、「珍質問だ」として話題になりました。

ところが、後日、ある稲作農家の方が、「この発想は次世代に向けた稲作農家の本音」と指摘したそうです。

毎年田植えをするので、多くの人は稲を一年草のように思い込んでいますが、もともと稲は多年草です。農作業を楽にする新農法開発のための稲の品種改良や実験が進んでいるのだそうです。

つまり、「なぜ毎年、稲を栽培するのか」は珍質問などではなく、稲作をよく勉強なさっているからこそ可能な、専門的な質問だったというわけです。

トンボと稲作、どちらも日本の古称の由来にもなっているほど、日本とは切っても切り離せないものです。そして、前項で紹介した蜂子皇子の墓に参られたこと、これらどれをとっても将来、皇位を継ぐべき方の帝王学として理想的この上ないことです。

悠仁さまがこうした修養を重ね続けておられることは、われわれ国民にとって大きな喜びであり、いつか皇位に就かれた時を思うと大きな楽しみでもあります。

## 悠仁さまのお命が危ない！

２０１９年（平成31年）４月26日、平成から令和に変わる直前にある事件が起きました。

当時、悠仁さまが通うお茶の水女子大学附属中学校の悠仁さまの机に刃物が置かれていたのです。

2008年（平成20年）1月26日には、赤坂御用地の秋篠宮邸の庭で遊んでいて顔を4針縫うケガをされました。

2016年（平成28年）11月20日には、紀子さまと悠仁さまが乗られたワゴン車が、相模原市緑区与瀬の中央道下り車線で後続車に追突されるという事件も起きました。幸い紀子さまにも悠仁さまにもけがはありませんでした。

そして2019年（令和元年）12月、赤坂御用地内に置物の固定用に張ってあった紐に強く当たってしまい、のどに赤い痕が残るほどのケガをされた。皇位継承権をお持ちの悠仁さまの周りで、このような事件が起きること自体、本来あってはならないことです。

2022年（令和4年）7月8日、奈良市の大和西大寺駅前で、選挙演説中の安倍晋三元総理大臣が背後から2発銃弾を受け亡くなりました。

そのニュースを知った私が真っ先に思ったことは、「悠仁さまが危ない！」ということでした。逮捕された男が話した動機は、「特定宗教団体に対する恨み」だったので、「いわれのない秋篠宮家貶めを信じてしまい、悠仁さまの命を狙う輩も出てくるのではないか」と感じたのです。

昭和、平成の時代の皇宮警察本部、護衛部には、天皇皇后の護衛（護衛第一課）、東宮家の護衛（護衛第二課）、その他の皇族の護衛（護衛第三課）という3部門がありました。

ところが令和になって、上皇護衛課が新たにできたものの、護衛第一課は天皇皇后の護衛、護衛第二課はその他の皇族の護衛となり、実質的な東宮である秋篠宮家の護衛がその他の皇族とひとまとめにされ、護衛が手薄になってしまいました。

どうしてこのようなことになったのか、不思議でなりません。一刻も早く「皇嗣家護衛課」をつくるべきだと思います。

## 悠仁さまは間違いなく歴史に名を残す天皇になられる

悠仁さまはその奇跡のようなご誕生から始まり、皇位継承者として正統であるにもかかわらず、そうでなくしようとする反日外国勢力による妨害活動など、困難な体験を積まれ、それらを乗り越えられました。

ご本人の勉学や研究に対する態度も真摯であり、素晴らしい資質をお持ちであり、ご両親による帝王教育も素晴らしい……と、将来の天皇としてこれ以上の方を望めるだろうかというくらいにご立派です。

私は今回悠仁さまが、3月3日の成人のご会見をきわめて立派に行われ、筑波大学ご進学と加冠の儀という2つの節目を迎え、天皇への道を一歩一歩進まれていることは、日本と日本人にとってこのうえない幸せであり、励みでもあると思います。

私たちは今、我が国が続けてきた男系男子による皇位継承の歴史を振り返り、我が国最大の宝を手放さないという決意を新たにすべきではないでしょうか。

装丁　倉田明典
組版　山口良二
本文イラスト　加納徳博
本文図版作成　ＰＨＰエディターズグループ
ウェルプランニング

〈著者紹介〉

**竹内久美子**（たけうちくみこ）

1956年、愛知県生まれ。作家、動物行動学研究家。

京都大学理学部卒業。同大学院で日高敏隆教授に動物行動学を学ぶ。博士課程を経て著述業に。『そんなバカな！』（文藝春秋）で第８回講談社出版文化賞科学出版賞を受賞。主な著書に『女は男の指を見る』『本当は怖い動物の子育て』（以上、新潮新書）、『パラサイト日本人論』（文藝春秋）、『悪のいきもの図鑑』（平凡社）、『66歳、動物行動学研究家。ようやく「自分」という動物のことがわかってきた。』（ワニブックス）、『女はよい匂いのする男を選ぶ！なぜ』『なぜモテるのか、さっぱりわからない男がやたらモテるワケ』(以上、WAC BUNKO)などがある。

メールマガジン『動物にタブーはない！　動物行動学から語る男と女』を配信中。
X　@takeuchikumiffy
メルマガ　https://foomii.com/00193

**皇室論《こうしつろん》**
なぜ天皇《てんのう》は男系《だんけい》でなければならないのか

2025年4月11日　第1版第1刷発行

著者　竹内久美子
発行人　宮下研一
発売所　株式会社方丈社
〒101-0051　東京都千代田区神田神保町1-32
星野ビル2F
Tel.03-3518-2272　Fax.03-3518-2273
https://www.hojosha.co.jp/

印刷所　中央精版印刷株式会社


ISBN978-4-910818-25-2